刻意练习学说话

伯言◎编著

中华工商联合出版社

前言

中国现代语言学奠基人之一王力说:"说话是最容易的事,也是最难的事。最容易,因为三岁的孩子也会说话;最难,因为最擅长辞令的外交家也有说错话的时候。"

职场上,每一天和同事、领导有话要说;家庭中,同妻子、丈夫、父母、孩子必须进行交流;社交时,同朋友、客户势必联络感情。说什么?怎么说?什么话能说,什么话不能说?这些都需要我们掌握说话的艺术。在注重人际沟通的现代社会,说话的艺术也就是成功的艺术。

会说话,才能会办事。同一个问题变换不同的说话方式将得到截然不同的效果。有求于人,想要拉近关系;遇到僵局,想要无形化解;遭到拒绝,想要说服对方,都需要掌握说话的艺术。说好难说的话,才能办好难办的事。

会说话,才能会做人。说话没分寸,没艺术,即使是赞扬的话,别人也会"充耳不悦"。说话有分寸,讲方法,即使是批评的话,别人也乐于接受。"见什么人说什么话",会说话,好做人。

会说话,才能会交际。如何同上司说话?如何同客户沟通?如何拒绝朋友?如何抚慰家人?拿好语言之矛,才能攻破人心之盾。

会说话,才能会处世。在人生的各个场合,在什么情况下、对什么人、在什么时机说话,都要讲求艺术性。对方豪爽,就说直率的话;对方保守,就说稳妥的话;对方崇尚学问,就说高深的话,这是语言之道,也是处世之道。

杰出的说话能力不是天生的,是可以通过后天刻意练习的。本书以通俗易懂的语言讲述了刻意练习说话的技巧和方法，以生动的事例、实用的方法指导读者与陌生人、下属、领导、同事、客户、爱人、孩子、父母沟通的技巧；在求人办事、谈判、遭遇尴尬、宴会应酬、拒绝他人、批评、鼓励等时刻的说话艺术。阅读本书，让你轻松面对尴尬、获取提升机会、扩大交际范围，在不同的场合、面对不同的人群，说好想说的话，说好难说的话，提高说话技巧，改变一生命运。

目录

上篇 和什么人说什么话

Part 1 如何与陌生人说话（客气）/// 2

讲好第一句话 / 2

选对话题展开交流 / 3

让谈话在意味深长中结尾 / 4

Part 2 如何与下属说话（和气）/// 9

避免对立的谈话方式 / 9

有效批评下属的技巧 / 11

表扬下属要有方法 / 14

Part 3 如何与领导说话（自信）/// 16

对领导说话不卑不亢 / 16

如何面对上司的批评意见 / 17

拒绝上司有理由 / 20

10 个句型让你升职加薪 / 24

Part 4 如何与同事说话（自然）/// 28

进入新公司的说话技巧 / 28

口无遮拦易伤人 / 29

避开同事的隐私问题 / 30

避免与同事"交火" / 32

Part 5　如何与客户说话（真诚）//// 35

赢得客户的信任 / 35

随身携带"高帽" / 36

巧妙应对 7 种客户 / 38

Part 6　如何与爱人说话（贴心）//// 43

与恋人初次交谈的成功秘诀 / 43

多交谈是情感保值的秘密 / 47

争吵有度，和好有方 / 49

Part 7　如何与孩子说话（平等）//// 53

孩子需要你的赞美 / 53

与孩子有效沟通的秘诀 / 54

规劝的话要"裹着糖衣" / 59

Part 8　如何与父母说话（坦诚）//// 60

说服父母有妙招 / 60

父母吵架时的劝说艺术 / 62

巧妙化解与父母的争执 / 64

下 篇　在什么场景说什么话

Part 1　委托他人办事的说话艺术（利益捆绑）/// 68

　　谈话中避开自己 / 68
　　委托他人帮助时动之以情 / 70
　　打蛇打七寸，说话说到心 / 73

Part 2　谈判的说话艺术（抓主放次）/// 75

　　投石问路巧试探 / 75
　　取得谈判胜利的 9 种方法 / 76
　　积极突破谈判中的僵局 / 85

Part 3　尴尬时刻的说话艺术（自嘲自笑）/// 88

　　站在对方的角度说话 / 88
　　调侃一下自己 / 90
　　装作不知道，说得更奇妙 / 93

Part 4　宴会应酬的说话艺术（会接话、会起话）/// 96

　　借助美酒良言促进感情 / 96
　　聚会，搞好气氛很重要 / 98
　　结婚喜宴，祝词要热烈温馨 / 102

Part 5　拒绝他人的说话艺术（指东说西）/// 107

　　说出内心的"不" / 107
　　你怎样说"不" / 109
　　构造真正说"不"的话语 / 110

Part 6　活化人际关系的幽默沟通术（刻意练习）/// 113

　　把拒绝的话说得幽默些 / 113
　　用诙谐的话加深恋人间的感情 / 115
　　生活中不妨多点幽默来做"调节剂" / 118

Part 7　最自然的赞美方式（自己都信）/// 121

　　如何赞美不被认为是拍马屁 / 121
　　褒扬有度，点到为止 / 124
　　多在背后说他好 / 127
　　推测性赞美，妙上加妙 / 130

Part 8　说到人心服口服（按你的逻辑来）/// 133

　　以利益为说服导向 / 133
　　说服从"心"出发 / 135
　　先抬高对方再做说服 / 137
　　从对方得意的事说起 / 140
　　讲道理时最好打个比方 / 140

Part 9　批评让人欣然接受（不好听的话要好好说）/// 143

　　私底下指出他人的缺点 / 143
　　批评他人要就事论事 / 144
　　意味深长的暗示是最好的批评 / 145

Part 10　鼓励失意者振作起来的说话方式（同理心）/// 149

　　站在同一起点上，现身说法 / 149
　　朋友失意，安慰的话一定要得体 / 152
　　意识唤醒法使其走出悲伤阴影 / 153
　　别人郁闷的时候多说理解的话 / 155
　　用"同病相怜"的经历来缓解对方压力 / 156

🎤 上 篇

和什么人说什么话

Part 1
如何与陌生人说话（客气）

讲好第一句话

初次见面第一句话，是留给对方的第一印象。说好说坏，关系重大。说第一句话的原则是亲热、贴心、消除陌生感。

常见的有三种方式：

1.攀认式

"您姓赵，我也姓赵，咱们是本家呀！""您老家河北，我老家河南，两地近在咫尺，咱们算半个同乡，令人欣慰。"

2.敬慕式

对初次见面者表示敬重、仰慕，这是热情有礼的表现。

"您的大作《幽默与沟通》我读过多遍，受益匪浅。想不到今天竟能在这里一睹作者风采。""您是业界前辈，我这还是新兵，得多向您请教！"

3.问候式

"您好"是向对方问候致意的常用语。如能因对象、时间的不同而使用不同的问候语，效果则更好。

对德高望重的长者，宜说"您老人家好"，以示敬意；

对年龄跟自己相仿者，称"老×（姓），您好"，显得亲切；

对方是医生、教师，说"李医师，您好""王老师，您好"，有尊重意味。

节日期间，说"节日好""新年好"，给人以祝贺节日之感；早晨说"您早""早上好"则比"您好"更得体。

选对话题展开交流

和陌生人说话最苦于找不到话题，那该怎样找话题呢？这要从具体情况出发去考虑：

1.你想了解什么就问什么、谈什么

在初次交往中，各自都有一定的意图，那就可以依据你的意图，提问求答，你想了解什么就可以问什么。但这样做的时候要注意两点：一是不要形成一串的盘问；二是不要探听对方的隐私。最好的做法是你想了解对方的什么情况，你就先谈自己的什么情况，扩大自己的开放区域，来促使对方扩大开放区域，这样就容易找到许多可谈的话题。

如果你想了解对方的业余生活，可以问对方："平时有什么兴趣爱好？业余时间喜欢做点儿什么？"但是很可能对方只说了"喜欢旅游，听听音乐"这么一句话，就不再说了。那你可以谈谈自己的业余爱好，谈得具体、详细一些，这样就会引发对方的兴趣，使交谈趣味相投。

与陌生人交谈，一般都可以先提一些"投石式"的问题，在略有了解后再有目的地交谈，便能谈得较为自如。如在商业宴会上，见到陌生的邻座，便可先询问："您是主人的老同学呢，还是老同事？"无论问话的前半句对，还是后半句对，都可循着对的一方面交谈下去；如果问得都不对，对方回答说是"老乡"，那也可以谈下去。假如是北京老乡，你可和他谈天安门、故宫、长城，谈北京的新变化；如果是福建老乡，你可与他谈荔枝、龙眼、橘子，谈沿海的水产等，从而开始你与他的交往，也许他将来就是你事业上的合作伙伴呢。

2.就社会热点问题进行交谈

陌生的双方刚一接触时，纯属个人生活的事情不宜多谈，但可以对时下人所共知的社会现象、热点问题谈谈看法。如果对方对这一问题还不太清楚，你可以稍做介绍。例如，近期影响较大的社会新闻、电影、电视剧等，都可以作为谈话的题目和接近的媒介。

3.从眼前和身边的具体景物上找话题

有的时候如果是预约式的拜访某位陌生人，那你最好具备一些洞察力。你首先应当对那位你即将拜会的客人做些了解。例如，问一些你们双方都认识的朋友的情况，探听一下对方的近况，关于他的职业、兴趣、性格等方面，了解得越详细越好。

当你走进陌生人的住所时，可以凭借你的观察力，看看能否找到一些对方性格上的线索。墙上挂的是哪位画家的画？如果是摄影作品，可以揣测对方是否是摄影爱好者。

屋内的装饰摆设，可以表现出主人的喜好和情调，甚至有些物品会牵引出某段动人的故事。如果你把它当作一个线索，不就可以了解主人心灵的某个侧面吗？了解了对方的一些个性，不就有话题了吗？

让谈话在意味深长中结尾

我们在与陌生人交谈结束时，运用"再会"之类的告别语显得千篇一律，太俗太空。这样一来，努力设计能给对方留下深刻印象的告别语就很有必要了。

一般来说，通常有以下几种收尾方法：

1.关照式收尾

关照式收尾，是交谈双方说完了自己的思想、意见或流露了某些内心意向之后，觉得谈话中的有些话和问题带有范围性、对象性、保密性和重点性，当交谈即将结束时，就关照对方不要将其中的某些话张扬出去。譬如：

◇ 选择话题有讲究 ◇

有了话题，接下来的谈话才会顺利。但是，在话题的选择上，有一些问题必须注意。

1.不谈论对方的缺点

谈论对方深以为憾的缺点和弱点是不礼貌的行为，容易招致别人反感。

2.不能说别人坏话

不议论他人，尤其是不能说别人的坏话。比如有关上司、同事和一些朋友的坏话，这会给人留下不良印象。

3.不谈论他人隐私

包括女性的年龄、婚否、家庭财产、疾病等都是避免在交谈中提起的。

"刚才我讲的一些话,是一些不成熟的看法,不必让他人知道,请您注意保密,不要传出去,以免引起麻烦。"

"小陈,我讲的全是心里话。有关小黄的事请注意保密,不要告诉别人,以免引起误会。"

这种收尾方式,有一种提起注意、防患于未然和强调重点的作用,能使交谈的对方增进了解并增强"使命感""责任感"。

2.祝愿式收尾

祝愿式收尾,不仅具有较强的礼节性和情趣性,而且还具有极大的鼓动力。如果再加上适当的口语修辞,它的效果一定会非常显著。如:

"再见,路上保重。祝您一帆风顺!"

"时间不等人,生活就是拼搏,抓紧时间就等于延长生命。我祝愿您是这样一个人,再见!"

3.道谢式收尾

这种收尾方式在交谈艺术中具有较强的礼节性,它的基本特征是用讲"客气话"作为交谈的结束语和告别话。道谢适用的场景和对象是最广泛的,无论是上下级、同事、亲朋之间,还是熟人、邻舍及初交者之间都是适宜的。譬如:

如果一次同志式的思想启迪性交谈行将结束,从谈者可用"听君一席话,胜读十年书""你对我学习上的帮助和生活上的关怀,让我感激不已"结束。

"益先生,在您的悉心指导下,我明白了自己的责任,我一定按您的指教去做。谢谢您了,再见!"

4.征询式收尾

交谈完毕,主谈者根据自己的交谈目的与交谈后的吻合情况向对方征求意见、说明、要求或建设性的忠告、劝诫等,这就是征询式收尾。

◇ 邀请式收尾 ◇

邀请式收尾的基本特征是运用社交手段向对方发出礼节性邀请或正式邀请,这在社交场合同陌生人讲话是必不可少的。具体分为以下两种:

1.礼节性邀请

礼节性邀请体现了客套谈话所需的礼仪,这是一种礼节。

2.正式邀请

正式邀请表现了友谊的生命力,是友好和友谊的表示。

譬如：

"宋先生，随着我们接触的增多和了解的深入，您一定察觉出我有许多缺点，您觉得我最糟糕的'毛病'是什么，希望您下次开诚布公地提出来。"

当你与陌生下属交谈工作结束时，你应该说："你还有别的什么要求和意见吗？"

"你生活上还有困难和要求吗？只要有可能，我将全力帮你解决。"下属也应同样征询对方："除了工作之外，您对我还有其他意见和看法吗？请您日后尽管提，我会尽力改正的。"

5.归纳式收尾

这种收尾方式，通常在陌生人之间非形式性交谈中使用。譬如：

"周婷，听了你的情况介绍后，我觉得问题的关键是，第一点，我们是做他人思想工作的，如能统一人心，其他问题也就迎刃而解了……"

归纳式收尾，由于条理清晰，中心突出，重点再现，这样对方交谈的目的和内容、双方的思想和意见就能清楚交流，收到言简意赅、重点突出、明朗爽快的效果。

与陌生人交谈的结束语的表达方法多种多样，只要我们能够驾驭情境，正确审视对象，选择正确、得体的话语，交谈结束时，不仅会让谈话显得非常得体、有趣，而且还会余韵犹存，感人至深。

另外，还有邀请式结尾、期盼式结尾等不同形式。

Part 2
如何与下属说话（和气）

避免对立的谈话方式

上司的讲话与提问的方式是极为重要的。如果掌握不好的话，就可能使下属与你产生对立情绪。

产生对立的谈话方式：

上司：喂，你最近的表现可不太好啊！

下属：可是我已尽最大努力了。

上司：努力？我怎么看不出来你在努力。

下属：我难道不是在工作吗？

上司：你怎么能用这种态度说话？

下属：那你要我怎么说呢？

上司：你太自以为是了。这就是你的问题所在。

不会产生对立的谈话方式：

上司：嗨，最近表现得可不太出众啊，这可不像是你一贯的作风。

下属：我已经尽最大努力了……

上司：是不是有什么心事？

下属：实际上……妻子住院了。

上司：是吗！你怎么不早说，家里出了事理应多照顾，要不就先请几天假，好好在家照顾一下病人。

下属：不用不用，好在已经没有什么大问题了。

上司：噢，那就好。如果有什么困难尽管来找我。

◇ 正确说服下属的方法 ◇

如果上司说服下属的方法不对，下属就会对上司产生敌意。因此，作为上司应掌握正确说服下属的方法。

1. 对下属应和善

切忌在谈话开始前，怀着对下属的不满和厌恶进行谈话。

2. 耐心地等待对方认错

在说服的过程中，急躁地逼迫对方认错是不可取的，极易引起下属的敌意。

3. 视情况暂停说服

在下属情绪激动达不到目的时，应暂停说服，有助于其扭转认知、稳定情绪。

在这里，上司表现出了体贴下属的心意，又没有强按人低头，所以下属是十分感激的。

上司说服下属，目的是使对方跟着自己的思路走。光是自认为理由充足不行，还要掌握住对方的心理特点，使对方心甘情愿听你的。古希腊哲学家苏格拉底认为：他从来没有要教训别人什么，他只像一个灵魂的催生婆，帮助人们产生自己的思想观点。看来，上司也很有必要掌握这种"催生"的艺术。

有效批评下属的技巧

批评下属是一件很不容易的事情，批评得不当，不但起不到想要的效果，有时还会让下属感到灰心失望。那么如何批评下属才能达到预期的效果，而又能让他欣然接受呢？

1.冷静地处理

盛怒时，多数人都是面红耳赤、颈暴青筋。过度的生气，往往会使人失去理性。以致一些严重伤害对方的、不应该说的话也会说出来，这些都值得我们借鉴。怒气冲冲时，不可因情绪激昂而破口大骂，应冷静并选择有效的批评技巧，这才是正确的方法。

一位幼稚园的老师曾经说过："以声音来惊吓小孩，是非常不明智的举动。"当小孩受到惊吓后，为了防止再受伤害，会逐渐地把一些失败或不良行为转明为暗。好不容易才养成的健全身心，因此产生变异。所以，当家长因某事而盛怒时，不妨先握紧拳头并放入口袋中，数"1、2、3"。当怒气被平息下来之后，便能以理性来处理了。

有些领导批评人时口不择言，不考虑下属的身份和接受能力，或者批评过于苛刻，甚至侮辱、打击下属。这些都是错误的沟通方式，根本起不到批评、帮助下属的作用。

◇ 因人而异地批评下属 ◇

批评下属要谨慎又谨慎，先考虑下属属于何种类型，再决定应该采取的批评方式。通常分为以下两种情况：

1.面对斗志高昂的下属

面对此类下属宜采用激将法，刺激对方发愤图强。

2.面对个性温和的下属

针对此类性格的下属，应采取温和式说教，以不惊吓对方的程度给予警告。

伤害他人自尊心的话，不加思索就讲出来，对谁都没有好处！应该冷静地分析什么应该说、什么不该说之后，再平心静气地向对方说明。

2.场合的考虑

一次商务宴会上，罗伯特遇到了这样的一个场景。

那是一家公司的圣诞晚会，但事实上受到邀请的人都是与公司有生意往来的合作伙伴，所以，这个晚会相当于一个非正式的商务宴会。公司的一个高级职员穿了一件不够得体的晚礼服来参加，与罗伯特谈话的公关部经理看到后马上中断了和他的对话，走到那个职员面前：

"你怎么穿这样的衣服来了？"经理的声音不大，但还是有人能听到。

"对不起……之前准备好的衣服不小心剐坏了，所以就……"

"那也不能穿这样的来吧？"经理嫌弃地看着职员身上的衣服，"简直是丢公司的人。"

面对咄咄逼人的经理，那个职员的脸色越来越难看。

"不要再解释了，要么马上去给我换一件，要么就离开这里，不要再在这里丢人了。"

被说得无地自容的职员只好狼狈地离开了会场。目睹这一切的罗伯特觉得这个经理做得过分了，他想这个经理应该不会在现在的位置上待很久的。果然，几个月后，这个经理被公司调到了外地的分公司任职，理由是无法和下属很好地相处。

批评时要考虑环境是否适合，这不仅是指不要在人多的场合中批评，还有其他的一些情况下，你也应该多加注意，以免让人产生逆反心理。

3.明确地指出重点

没有一件事会比听人说教更难过，尤其是一开口便是这个也讲、那个也骂，到最后仍使人弄不懂到底是做错了什么。所以，批评对方时，必须针对错误的事项，提出自己的想法与意见，其余的一些小问题都可暂时不予理会。这也是能令对方印象深刻的最佳方法。冗长的说教，除了功效不佳之外，最后还有可能造成双方不和。

表扬下属要有方法

很多上司都会犯这样一些错误：明知下属有成绩却很少表扬。古人指出，"将才之道：有良心、血性、勇气、智略"，对于那些忠义的下属，一定要大胆表扬施恩，以鼓励他们的忠心。

1.具体，切忌含糊其词

赞扬下属时避免使用含糊的评价："你是一名优秀工人""你工作得很好"之类。其实，以这种方式表扬是毫无用处的，因为他们没有明确赞扬评价的原因。用词越是具体，表扬的有效性就越高，因为下级会因此而认为你对他很了解，对他的长处和成就很尊重。

"你这个文案写得很好，非常有创意，抓住了消费者的心理。"

"你这次接待安排得非常好，各个细节都考虑到了，很上心，非常好。"

2.抓住时机

一般说来，应在开头予以表扬，这是一种鼓励；在他取得一点成就的时候约谈一次，这样有助于下级趁热打铁，再接再厉。另外，请不要忘记，当他的工作告一段落并取得一定的成绩时，下级期望得到你的总结性的公开表扬。

3.少说"我"、多说"你"

少说"我"、多说"你"的表扬原则,主要是指要使对方始终成为你们谈话的重心,你可通过欣赏、求教等方式来显示你对他的赞叹。你要善于分享他的欢乐,肯定他的成功,为他所骄傲的事情喝彩。

Part 3
如何与领导说话（自信）

对领导说话不卑不亢

有的下属唯领导马首是瞻，即使领导做错了，还佯装欢笑，卑躬屈膝，违背原则说一些子虚乌有的话。如果遇到精明的领导，这种人是很难得到重用的。因为这种人一般并没有什么真才实学，不仅很难成事，还经常会坏事。而且这种人把利益放在第一位，现在他可以违背良心说对你有利的话，明天也可以干出对你不利的事来。

当然，作为下属，也不能让领导感觉被压制，下不了台，要不卑不亢。

当在领导面前处于不利境地时，如果为了迎合领导，讲了假话，那就违背了自己的内心，也未必会得到领导认可。在这个时候如果讲究点儿技巧，不卑不亢，既讲了真话，不违背自己的本心，又能使对方接受，岂不是一举两得。

宋代有一位大臣，为官公正，为人刚正不阿。年轻时四处游学，机缘巧合，竟然认识了微服私访的皇帝。皇帝心血来潮，写字画画去卖，只是水平实在不高。这位青年告诉皇帝，他的画只值1两银子。皇帝听了既不服气又很生气，但也不好发作。

第二年，这位青年进京赶考，高中状元，成了天子门生。觐见皇帝时发现，原来当年卖画的老兄竟然是皇帝，皇帝也认出了他。皇帝屏退左右，只将他留了下来，拿出当年只值1两银子的那幅画，问道："卿家认为这幅画价值几何？"

青年赶紧前进一步说道:"这幅画如果是陛下送给微臣的,那就价值万金,因为无论陛下送的何物,对微臣来说,都是无价之宝。但如果拿去卖的话,这幅画就值1两银子。"

皇帝听了,不禁拍掌大笑,知道自己有了一位才学渊博、品行端正的忠心之士。

这位大臣并没违背自己的本意,而是讲了真话,这种不卑不亢的巧妙表达,使皇帝觉得在理,因而非常高兴。

对于有些涉及领导者的棘手问题,为了不正面驳斥对方,同时恰当地维护自己的尊严,就要巧妙对待,从不同的角度来解决,这一招通常都是很灵验的。

不卑不亢的关键是理直而气壮,只有在领导面前大胆地说出应该说的话,才能不致弄巧成拙,惹领导不快。

如何面对上司的批评意见

作为一个下属,难免有被上司批评的时候。比如自己做了错事,自己受到污蔑,上司不了解情况,甚至上司心情不好或看不惯你,你都可能在上司那里品尝批评的滋味。

不管你是因为什么原因被上司批评,你都应该遵循下面的原则:

1.充分肯定,感谢上司的诚意

不管上司的批评是不是有理,作为下属,首先要在口头上对此表示充分的肯定,表现出你接受批评的诚意。

如果上司对你的批评是出于一种诚意,你的态度会让他感到欣慰和满足的,从而上司的态度也会缓和下来;如果你的上司是另有目的,那么,一般来说,你表现出来的礼貌和涵养,也会使他感到心虚,从而表现出不自然。

千万不要暗示上司，认为他的批评是出于某种不良的因素。如果这样，你和上司之间就会产生更深的隔阂和误解，对于一个下属而言，这种行为是极为不好的。因为如果上司确实出于某种不良的动机，那么他更会因为你的这种暗示而产生更多的不良动机。这样你就很危险了。

2.退后一步，请上司说得更清楚

作为优秀的下属，当上司批评你的时候，你应该静下心来，请上司说出他批评你的理由。这种方法有利于你了解上司的真正动机和事情的真相，从而找到更有效的解决问题的方法。

有个别上司批评下属的时候，很难做到就事论事，而是或含糊其词，或借口传言，或明话暗说，让下属捉摸不透。遇到这种情况，你应该让上司把想说的话都说完，他说得越多，你就会洞察到更多的真相，更容易找到解决问题的办法。

3.不要顶撞，使上司感到受尊重

作为下属，上司之所以批评你，就是因为他认为你有他值得批评的地方。聪明的下属是很明白这一点的，他们会善于利用上司的批评，从中化害为利，化腐朽为神奇。同时，不顶撞上司，就是对上司的尊重，很多上司都会因此而认为你有礼貌。如果上司是借你杀鸡儆猴，你的这一招可能比获得表扬还要有效。

因此，即使上司的批评是错误的，下属只要处理得好，很多时候，坏事也会变成好事。很多上司都会认为，"这个人很虚心，没脾气，能成就大事"等，可能因此就把你当成亲信。

而下属如果"老虎屁股摸不得"，动不动就牢骚满腹，那么，你虽然可以获得一时痛快，可是往往会和上司的关系进一步恶化，他会认定你"批评不得""不谦虚""目中无人"，因而得出了结论："这人重用不得""当个下属尚且如此，当了领导要吃人"。这样的后果比批评

◇ 认真倾听上司对你的批评 ◇

作为下属，随时都有可能面对上司的批评。可是不论发生何种状况，我们都要认真倾听上司的批评，有如下三点注意事项：

1.安静地听完上司的批评

不管批评得对还是不对，千万不要打岔，即使话不好听，也要认真听完。

2.注意听时的动作和表情

你的动作表情不要让上司感觉到不满。表情要和善、身体要前倾、目光要真挚。

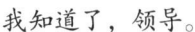

我知道了，领导。

3.最好不要辩解

特别是对那些细枝末节的或无法弄清楚的事情，最好是保持缄默，不做无谓的辩解。

本身要严重得多。

当面顶撞上司更是一种匹夫行径，"匹夫见辱，拔剑而起"，这是不可取的，因为这不仅使上司失去权威，连下属本身也下不了台，这是一种鱼死网破的行为。

4.不做申辩，让上司认为你有度量

上司批评你几句，你完全没必要申辩，不一定要弄出一个谁是谁非。

被批评会使你的心头感到难受或使你在别人心里的印象受到损害。可是如处理恰当，上司会产生歉疚之情、感激之情，你不仅会得到补偿，甚至会收到更有利的效果。这与你面子上损失相比，哪头轻哪头重，显然是不言自明的。

并且，在别人的心中，你能够有理让三分，也是一种很高的修养，是很容易得到大家的尊重的。

反复强调理由是没有必要的，如果你反复纠缠，得理不让人，一定要把事情搞个水落石出，上司会认为你气量狭窄，斤斤计较。

不应该把批评看得太重，认为自己挨了批评前途就泡汤了，因而强做申辩，或工作打不起精神，这样最让上司瞧不起。

把批评看得太重，上司就会认为你气度太小，他可能因此不会再指责你了，但是他也不会再信任和器重你了。

拒绝上司有理由

任何事情有其结果，必有其起因。当上司的意见不正确，需要你拒绝的时候，一定要给出你拒绝的理由。同时，注意以下几点：

1.拒绝时要留有余地

当上司有了指示或者命令的时候，如果你持不赞同的观点，不要明确地表示拒绝，不要直接地说出"行"或者"不行"，态度要委婉，要留有余地。委婉的态度可以避免引起上司的不快。

"这个问题很重要，请让我多考虑一些时候。"

"现在一时说不出所以然来，无法马上答复您，请给我两天的时间，可以吗？"

此时，表现得模棱两可一些则是必要的，关键是争取缓冲的时间，以便仔细考虑。

2.要在拒绝当中成长

作为下属，常会遇到这样的事情：当上司在某些场合听到一些工作上的新方法后，马上就会在自己的部门实施，于是就督促下属说："我想在我们的部门，用这种新方法来进行工作。"如果本部门适合这样的工作方法还好，但如果本部门不适合运用这种新的工作方法，无疑是增加工作难度。这个时候，有的下属就会在私下里发牢骚，认为上司这样做是强人所难，也不管行不行得通，就将原来的工作秩序打乱。

发牢骚不能解决任何实际的问题。这时，要想让上司打消这个念头，除非有人勇于拒绝，让上司说出"是这样的吗？"如果不是这样的话，就只有接受上司的这个新花样。

正常情况下，一个公司如果想采用一种新的工作方法，应该由组长一类的负责人根据实际情况决定是否采用，而不应由上司来考虑。可是如果一旦上司心中有了某种打算，要想消除将是十分困难的。

那些绞尽脑汁想要设法说服上司的人，可以从中培养自己的某些能力。当你认为上司的计划不可实施而加以拒绝的时候，在拒绝的过程中，你或许能发现上司计划好的一面，这对于你和上司之间加深了解不失为一件好事。

即便下属在拒绝上司的过程中最终反而被上司说服，但自己却会因为受到上司的影响而得以成长。在拒绝的时候，下属可以得到很多实际的锻炼，这包括胆量思维的敏捷性、口才的发挥等，从而促使自己成长。所以，作为下属，如果想在工作中做出成绩，就要学会拒绝，并勇于拒绝，当然，拒绝也必须是有理有节的，而绝不是无理取闹，更不是胡搅蛮缠。

3.拒绝的最终结果还是要尊重上司的决策

下属在工作的时候，如果上司提出的计划是无论如何也行不通的，这时，下属对上司的命令是不是非服从不可呢？经验告诉我们，作为下属，你必须服从上司的最后决定，听从上司的意见，因为这个时候，最终要负责任的是上司。

这个时候如果你一意孤行，明目张胆地反对上司的决定，置上司的决定于不顾，非要按照自己的想法去做，是绝对行不通的。

这个计划如果执行，十有八九会失败，且会造成重大损失，作为下属，就要考虑，是否也非服从不可。下属要如何做最终判断呢？依照下面的方式思考才是正确的态度。

自己的意见显然是正确的，而上司却断然不肯接受时，原则上应先让上司了解你是出于公心，是为工作着想，并且是在万般无奈的情况下才反对的，然后去执行上司的命令。假如你认为按上司命令去做，会对企业的利益造成重大损失，在情况危急的紧要关头，你可以以辞职为手段，"要挟"上司取消其命令。当然，这得有个前提条件，即你是一个在工作中上司离不开的人，或这个命令上司只能依靠你去执行。如果不是这样，则可以假意接受下来，但在执行中让它走样、变形，从而使它的危害性变小或消失。

总之，作为一个负责任的下属，要牢牢记住，在任何情况下，都应

◇ 拒绝时要善于"辩解" ◇

作为下属,既要懂得拒绝上司,还要知道该如何让上司通过你的拒绝而欣赏你。

陈总,关于这件事我有必要解释一下。

1.辩解很有必要

"辩解"是"辩明理由让对方了解"以推动工作,而不是推诿责任,它是对自己言行负责的人应有的正确态度。因此,辩解是必要的,这会让上司看到你认真负责的态度。

陈总,关于项目的进展,我已经尽力了,这是相关的数据分析。

2.辩解要掌握方法

找到机会,主动说明原因,提供情报,获得上司的理解。

王总,这次项目失败有三个原因……

3.辩解要注意态度

辩解理由时,要逻辑清晰,态度明朗,否则上司会认为你是在找借口。

该把企业的利益放在首位。你如果这样做了,即便上司误解了你,但在事实面前,最终他会认识到你的决定是正确的。到时,他就会感谢你,因为是你的坚持才免除了重大损失,也才免除了他的灾难性后果。

10个句型让你升职加薪

在职场上出人头地,才干加上苦干固然重要,但懂得在关键时刻说适当的话,也是成功与否的关键性因素。卓越的说话技巧、高效的执行力、处理棘手的事务能力等,不仅能让你的工作倍加轻松,更能让你名利双收。牢记以下10个句型,在适当时刻派上用场,加薪与升职必然离你不远。

1."我们似乎碰到一些状况……"以最婉约的方式传递坏消息的句型

你刚刚得知一件非常重要的工作出了问题,此时如果立刻冲到上司的办公室里报告这个坏消息,就算不是你的责任,也会让上司质疑你处理危机的能力,弄不好还惹来一顿骂,把气出在你头上。此时,你应该以不带情绪起伏的声调,从容不迫地说出本句型,千万别慌慌张张,也别使用"问题"或"麻烦"这一类的字眼;要让上司觉得事情并非无法解决,而"我们"听起来像是你将与上司站在同一阵线,并肩作战。

2."我马上处理。"上司召唤时责无旁贷的句型

冷静、迅速地做出这样的回答,会让上司直觉地认为你是个有效率、听话的好部属;相反,犹豫不决的态度会惹得上司不快。

3."同事的主意真不错!"表现出团队精神的句型

同事想出了一个好方法,你恨不得把这个好方法算在自己身上;与其拉长面孔、暗自不爽,不如真心赞美。方法如下:在上司面前真心说出本句型。一个不妒忌同事的下属,会让上司觉得此人本性纯良、富有团队精神,因而会对此人另眼看待。

4."这个报告没有你不行啦！"说服同事帮忙的句型

有件棘手的工作，你无法独立完成，非得找个人帮忙不可，于是你找上了那个对这方面工作最拿手的同事。怎么开口才能让人家心甘情愿地助你一臂之力呢？送顶高帽，并保证他日必定回报。而同事为了不负自己在这方面的名声，通常会答应你的请求。同时在将来有功劳的时候也要在人家的功劳簿上记上一笔。

5."让我再认真地想一想，3点以前给您答复好吗？"巧妙回避你不知道的事的句型

上司问了你某个与业务有关的问题，而你不知该如何作答，千万不可以说"不知道"。本句型不仅暂时为你解危，也让上司认为你在这件事情上很用心。不过，事后可得做足功课，按时交出你的答复。

6."这种话好像不大适合在办公室讲哦！"理智击退骚扰的句型

如果有男同事的某些语言令你无法忍受，这句话保证让他们闭嘴，同时，也可以令无心的人明白，适可而止。

7."我了解这件事很重要，我们能不能先查一查手头上的工作，把工作排出个优先顺序？"不露痕迹地减轻工作量的句型

首先要强调你明白这项任务的重要性，然后请求上司的指示，为新任务与原有工作排出优先顺序，不着痕迹地让上司知道你的工作量其实很重，也可以延后处理或转交他人。

8."我很想听听您对××事或人的看法……"恰如其分的客气句型

许多时候，你与领导共处一室，而你不得不说点话以避免冷清尴尬的局面。不过，这也是一个让你能够赢得领导青睐的时机。但说些什么好呢？每天的例行公事，绝不适合搬出来讲；谈天气，又不会让领导对你有更好的印象。此时，最恰当的莫过于一个跟公司前景有关，而又发人深省的话题。问一个领导关心又熟知的问题，在他滔滔不绝诉说心得

的时候，你不仅获益良多，也会让他对你的求知上进之心刮目相看。

9."是我一时失察，不过幸好……"承认疏忽但不引起上司不满的句型

犯错在所难免，但是你陈述过失的方式，却能影响上司对你的看法。勇于承认自己的过失非常重要，因为推卸责任只会让你看起来就像个讨人厌、软弱无能、不堪重用的人，不过这不表示你就得因此对每个人道歉，诀窍在于别让所有的矛头都聚到自己身上，坦诚相告能淡化你的过失，转移众人的焦点。

10."谢谢你告诉我，我会仔细考虑你的建议。"面对批评要表现冷静的句型

自己苦心的成果却遭人修正或批评时，是一件令人苦恼的事。不需要将不满的情绪写在脸上，但是却应该让批评你工作成果的人知道，你已接收到他传递的信息。不卑不亢的表现会令你看起来更有自信、更值得人敬重，让人知道你并非刚愎自用或是经不起挫折的人。

◇ 进入新环境的说话技巧 ◇

进入新的工作环境,总会遇到或多或少的陌生感和排斥心理,掌握必要的说话技巧对缓解这种不适很有效。

1.多交流,多沟通

进入新环境的时候要多沟通,多交流,增加彼此的了解。

2.多提问,多讨教

让别人知道,你需要他们的帮助,从而获取他们的友谊。

3.多拜访,多投入

拜访同事和领导,在沟通中投入真诚,可以很快消除陌生感。

Part 4
如何与同事说话（自然）

进入新公司的说话技巧

进入新公司，上司和同事都是陌生的，从事的工作有时也与你以往做过的不大相同，这无形中在你的内心给你造成负担，仿佛人海茫茫，你却在一个孤岛上，不知道如何使自己投入人群之中并被大家接纳。

在人们的内心深处，对外来及新来的人多少都有些排斥心理，你如果聪明的话，应该首先抛开自己对他人的陌生感、畏惧心、戒备心等。一方面多多拜访你的新同事、新上司，另一方面专注地投入新工作。这样的话，人们很快会适应你、接受你，因为你的拜访说明你对他们有兴趣，喜欢和他们结交、相识；同时你专心投入工作，也使他们认为你是个很认真，并喜欢你的新职位的人，表明你在各个方面都力求和他们保持一致，所以他们会很快消除对你的排斥心理，愉快地把你当作他们中的一员。

某公司同时新进两个员工，一个叫玲玲，一个叫菲菲。玲玲是个性格开朗、爱说话的人；菲菲则显得严肃而沉默寡言。

玲玲虽然看似开朗、爱说话，但似乎目中无人，来到新公司很久了，不但没有拜访过任何人，而且工作当中也从未向别人请教过，也许她认为有能力干好自己的工作。大家认为：此人能进入本公司，一定是认识什么人。看她那样子，也不像是个干好工作的料儿。我们干了这么多年这种工作，还免不了要互相请教、学习，可她新来的，不经过学习就能把工作干好？

相反，大家对沉默寡言的菲菲，却大力赞扬，认为她相当不错，有思想、有见解，对于工作方面的许多设想和看法都和自己不谋而合，因此从内心里接受她做朋友。

原来，爱说话的玲玲自从进入公司，除在办公室见面应酬之外，业余时间她从未和别人交谈过；菲菲在办公室却很少寒暄，总是低头工作，而工作之余，爱向同事请教、了解公司业务，打听新环境、新公司的一些情况，顺便也提出许多工作上的问题向同事讨教，通过交谈、沟通增加了彼此间的了解，同时也增进了友谊。

口无遮拦易伤人

"祸从口出"，在与同事相处的过程中一定要把好口关，什么话能说，什么话不能说，都要在脑子里转几个弯，心里有个数。

口无遮拦，信口胡言，往往容易得罪同事。俗话说："打人不打脸，骂人不揭短。"人既是最坚强的，也是最脆弱的。尤其是当一个人觉得他的自尊受到伤害、将要颜面扫地时，他的潜能会爆发出来，他会死要面子，死扛到底。因此，在职场中必须注意不能揭他人伤疤。

要知道揭短是一把双刃剑，伤人的同时也伤己。这种既伤别人，自己也不见得好过多少的话，还是少说为佳。

有些人是因为考虑不周，言辞无形中冒犯了他人。

"老王，你太辛苦了，白发如云啊！"

"老刘，你秃顶了！"

对年轻女同事说："小李呀，你最近可发福了！"

要时刻提醒自己这类话少说为妙。

摩洛哥有句俗语说："言语给人的伤害往往胜于刀伤。"

同事之间，为搞好关系起见，请不要揭人短处。有的人直率惯了，喜欢"一吐为快"，无意间揭了别人短，刺伤了别人，也孤立了自己。

一天，在公司的集会中，张先生看到一位女同事穿了一件紧身的新装，与她的胖身材很不相称，张先生便不加思索地说："说实话，你的这件衣服虽然很漂亮，但穿在你身上就像给水桶包上了艳丽的布，因为你实在是太胖了！"女同事瞪了张先生一眼，生气地走开了，从此再也没有理过他。

避开同事的隐私问题

每个人都有不想让大家知道的事情，也就是说每个人都有自己的隐私。与人相处，要避免谈论别人的隐私，否则会使你人格受损，并显得缺乏修养，甚至破坏你与他人的和睦关系。

对待别人的隐私，要切忌人云亦云，以讹传讹。首先你要明白，你所知道的关于别人的事情不一定确凿无疑，也许有许多隐情你不了解。要是你不加思考就把你所听到的片面之言宣扬出去，难免会颠倒是非，混淆黑白。话说出口就收不回来，事后你明白了真相会后悔不已，但此时已经在同事之间造成了不良的影响。

如果有人在谈到某同事时说，"我只跟你说"，对这样的话你可别太当真了。

假使你对某同事不具好感并按捺不住地对上级说："关于他的这些话只跟您提提而已……"如果随意就大发议论的话，正中上级下怀，你所说的话会立刻传入该同事的耳中。

现实生活中有一种人，专好推波助澜，把别人的隐私编得有声有色，夸大其词地逢人就说，人世间不知有多少悲剧由此而生。你虽不是这种人，但偶然谈论别人的隐私，也许就在无意中种下祸患的幼苗，其

◇ 如何避开他人隐私 ◇

每个人都有自己的隐私，都有自己的秘密，这可以说是沟通中的禁区。面对他人隐私，我们究竟该如何处理呢？

> 闲时莫论人非。

1.不打听

不随意打听别人隐私自然就会免除搅入是非的可能。

2.不宣扬

在知道别人的一点点隐私之后，切不可到处宣扬，以免引火烧身。

> 放心吧，我不会告诉其他人。

3.不泄露

如果他人将秘密告知于你，切莫声张、泄露，不然会丧失他人信任。

不良后果并非你所能预料到的。

要是有人向你说某人的隐私，你唯一的办法就是，像保守你自己的秘密一样，不可做传声筒，并且不要深信这片面之词，更不必记在心上。说一个坏人的优点，旁人听了最多认为你是无知；而说一个好人的缺点，人们会觉得你存心不良。

同事能将自己的隐私信息告诉你，说明你们之间的友谊肯定要超出别人一截，否则他不会将自己的私密全盘向你托出。

要是同事在别人嘴中听到了自己的秘密被曝光，不用说，他肯定认为是你出卖了他。被出卖的同事肯定会在心里不止千遍地骂你，并为以前的付出和信任感到后悔。

避免与同事"交火"

工作中同事之间难免发生争执，有时搞得不欢而散甚至使双方结下芥蒂。人是有记忆的，发生了冲突或争吵之后，无论怎样妥善地处理，总会在心理、感情上蒙上一层阴影，为日后的相处带来障碍，最好的办法还是尽量避免它。

我们常用这么一句话来排解争吵者之间的过激情绪——"有话好好说"，这是很有道理的。心理学家分析，争吵者往往犯三个错误：第一，没有清楚地说明自己的想法，含糊，不坦白；第二，措辞激烈、武断，没有商量余地；第三，不愿以尊重的态度聆听对方的意见。一项调查表明，在承认自己容易与他人争吵的人中，绝大多数人不承认自己个性太强，也就是不善于克制自己。

相互之间有了不同的看法，最好以商量的口气提出自己的意见和建议，语言得体是十分重要的。应该尽量避免用"你从来就不怎么样""你总是弄不好""你根本不懂"这类绝对否定别人的消极措辞。

每个人都有自尊心，伤害了他人的自尊心，必然会引起对方的反感。即使是对错误的意见或事情提出看法，也切忌嘲笑。幽默的语言能使人在笑声中思考，而嘲笑使人感到恶意，这是很伤人的。真诚、坦白地说明自己的想法和要求，让人觉得你是希望得到合作而不是在挑别人的毛病。同时，要学会聆听，耐心、留神听对方的意见，从中发现合理的部分并及时给予赞扬或同意。这不仅能使对方产生积极的心态，也给自己带来思考的机会。

　　如果遇到一位不合作的人，首先要冷静，不要让自己也成为一个不能合作的人。宽容忍让可能会令你一时觉得委屈，但这不仅能表现你的修养，也能使对方在你的冷静态度下平静下来。当时不能取得一致的意见，不妨把事情搁一搁，认真考虑之后，或许大家能找到解决问题的好办法。善于理解、体谅别人在特殊情况下的心理、情绪是一种较高的修养。有的人生性敏感，遇到不顺心的事就发泄怒气，这就可能是造成态度、情绪反常或过激的原因。对此予以充分谅解，会得到相应的回报。

◇ 切勿直言直语 ◇

直言直语的人通常只能看到现象或问题，只考虑自己不吐不快，而没在意旁人的立场、观点、性格和感受。因此，在日常的交流中，切勿直言直语，否则会带来严重后果。

> 太笨了，这样的错误也能犯？

> 真是受不了你这脾气。

1.人际关系出现阻碍

直言直语不论对人还是事，都会让人受不了，导致人际关系出现阻碍。

2.被别人抓住把柄

喜欢抓别人把柄的人，通常也会被别人抓住把柄，后患无穷。

3.引来敌人

直言直语容易引来职场敌人。

Part 5
如何与客户说话（真诚）

赢得客户的信任

如今，产品的价格、品质和服务的差异越来越小，销售人员逐步意识到竞争核心正聚焦于自身上，懂得"销售产品，首先要销售自我"的道理。要"销售自我"，就必须赢得客户的信任，没有得到客户信任，就没有展示自身才华的机会，更无从谈起赢得销售成功的结果。

为了利益，一些销售员不择手段，到头来其实失去的比得到的要多，损失最严重的就是失去了客户的信任。

销售员想要赢得顾客信赖，不管采用何种方法达此目的，都需要从一些微不足道的小事做起。莎士比亚说："最伟大的爱情用不着说一个爱字。"爱得你死我活的热恋者，一定会以悲剧收场。套用莎士比亚的话，最伟大的销售员也用不着说"我是非常守信用的"。销售员的一举一动、一言一行更能表明自己是否值得信赖。有时，哪怕是一个极不起眼的细节，也可能使你信誉倍增。

你听说过有人带着闹钟去推销吗？这人就是齐藤竹之助。

齐藤竹之助每次登门推销时总是随身带着闹钟，当会谈一开始，他便说："我打扰您10分钟。"然后就将闹钟调到10分钟后的时间。时间一到，闹钟自动发出声响，这时他便起身告辞："对不起，10分钟时间到了，我该告辞了。"如果双方商谈顺利，对方会建议继续谈下去，他便说："那好，我再打扰您10分钟。"于是，他将闹钟调了10分钟。谈话就这样10分钟、10分钟地继续下来。

齐藤竹之助给人一种说话算数的感觉，从而让对方对他产生很强烈的信任感。

随身携带"高帽"

推销员在推销过程中最好怀揣若干顶"高帽"，适当的时候就给对方扣上一顶，事情会比你想象的好办得多。

"高帽"就是对客户的能力和品格进行美化，这是销售成功必备的细节。想想看，谁不愿意听到美化自己的语言呢？谁又不认同美化自己的人呢？找到客户身上的闪光点，将它在合理的范围内合理放大，相信你总是受欢迎的。

有的推销员更是胜人一筹，在推销自己的产品之前先对对方的某个产品大赞一番。人们崇尚礼尚往来，我说你的产品好，再提到我的产品时，你还会给我泼冷水吗？

"我刚工作时，常用贵公司制造的收音机。那台收音机的品质极佳，我已经用了5年，没发生过故障。真不愧是贵公司生产的，就是有品质保证。"一个纸张推销员在推销本公司产品之前这样说道。

当然，他非常懂得怎样丰富他的赞美之辞，他不仅说出自己对对方公司的商品有兴趣，还具体地说明了他实际使用后，该商品的特征与性能，从而使自己评价的重点有了价值：

"或许大家不知道，我现在仍使用贵公司20年前生产的扩音器。其间，我也买过好几次别的产品，但不是发生故障，就是声音难听，结果还是买贵公司的产品划算。贵公司的产品真是好用，即使用了20年，比起现在的新产品也毫不逊色，真是令人佩服。"

"是的，本公司生产的扩音器都是采用进口技术的，材料把关也相当严格，所以非常耐用。现在市场上这样有质量保障的品牌为数不

◇ 说话时不忘送顶高帽 ◇

拣别人爱听的、想听的话说，迎合他的虚荣心，自然可博得对方的欢心，获取他人的友谊和好感，从而有利办事。

眼睛小的女人笑起来特别有魅力。

1.适当夸赞对方弱点

恭维需要反其道而行之，从对方弱点入手，更能深入人心。

现在只有在您这儿才能享受到平静。

2.语言和态度要真诚

真诚的态度和基于事实的语言能化解对方内心的怀疑。

这双高跟鞋的颜色跟你的肤色很搭。

3.恭维的内容越具体越好

恭维的细节越具体越能得到对方认可，被人接受。

多。你真是有眼光，我看你们公司的产品也挺不错嘛，能让我试用一下吗？"对方再也忍不住要和他沟通起来。

好听的话令人感到开心和快乐，而对于说话的人也没有任何损失，何乐而不为呢？如果你出门多带一些"高帽"，你几乎会比别人少遇到一半的麻烦，它们会给你带来大量的生意。

巧妙应对7种客户

推销人员在推销产品时，应根据不同类型的客户采取不同的对策，因人而异，灵活应变。"知己知彼，百战不殆"，推销员要有效激发客户的购买欲望，就要对各类客户事先研究，迅速判断出客户属于何种类型，应该采取怎样的推销策略。

1.犹豫不决的客户

犹豫不决的客户，只是自己不知道该如何处理面临的问题，同时，自尊心特别强，优越感和自我表现的欲望也很大，如果你当面指责客户讲话矛盾或错误，当然是不易为客户所接受的。

为了知道客户究竟对此懂多少，可以询问一些专业问题，例如说："电线回路不好，到底是什么原因呢？"或者说："扩音器越多，为什么发出的声音越好？"如果客户能够很流利地回答这些问题，即表明他懂得不少，你可以照他懂的程度来回应。

相反，如果客户的回答是："嗯！这个嘛！意思就是……就是，总而言之，它的性能很不错。"像这种答案，无论是谁听起来，都知道对方的知识有限，但是推销员却不可以马上露骨地表示出来，而必须帮他答下去："对，你知道的，就是……"

先要称赞一下客户的了解程度，然后再向他说明，这也是回应这一类型客户的方法。

2.从容不迫的客户

这种客户表情严肃，性格冷静，遇事沉着，不易为外界事物和广告宣传所影响，他们对推销员的建议认真聆听，有时还会提出问题和自己的看法，但不会轻易做出购买决定。从容不迫的客户对于第一印象恶劣的推销员绝不会给予第二次见面机会。

对此类客户，推销员必须从熟悉产品特点着手，谨慎地应用层层推进引导的办法，多方分析、比较、举证、提示，使客户全面了解利益所在，以期获得对方理性的支持。与这类客户打交道，推销建议只有经过对方理智的分析思考，才有被客户接受的可能；反之，拿不出有力的事实依据和耐心的说服讲解，推销是不会成功的。

3.不爱讲话的客户

推销员最难应付的客户，就是性格顽固和不讲话的客户。

大凡客户不爱说话，有下列5种原因：

（1）客户认为一旦讲了话，恐怕有鼓励人家劝自己买东西的疑虑，所以还是不说话为妙。

（2）不讲话时，不容易让人家知道自己的底细，而生就了一副不爱说话的特点。

（3）性格上如此，就是不喜欢讲话。

（4）因为讨厌对方，所以不讲话。

（5）不知说什么样的话比较好（想不出谈话的内容）。

不爱说话的客户并非绝对不开口，只要有适宜的开头和相当的情绪，他也能讲得很开心，推销员应该针对客户开心的事去征询他的意见，热心地回应，就可以让客户愉快地谈话。

4.忙碌或性急的客户

对于很忙碌的客户或看起来很忙的客户，洽谈时除了寒暄一番外，就该立刻谈到正题。真正忙碌，和看起来忙碌的人，在实质意义上是不同的，所以讲话的方式也要因人而异。这时，就像是碰到不喜欢开口的客户一样，你必须先设法探听出他喜欢什么、关心什么等，在谈到正题之前，先跟他聊聊天，如果看苗头不对，就该立刻谈到正题，如此先谈结论，再谈理由，也可以给忙碌的客户一个好印象。

"我只花您5分钟的时间。"当你谈到5分钟时，再看看客户的表情，如果客户面露喜欢听下去的模样，你再说："我再谈几分钟就好。"然后当你谈了几分钟后，可以反问客户："您还有什么不清楚的地方，有需要我向您解释的吗？"利用这种方式，静候客户的发言。

记住，这时应特别注意拖延时间的说话技巧，绝不可以讲4分钟、6分钟和10分钟，因为双数给人的直觉反应是很多，这样会使客户怀疑你要讲很久，而若用单数，让客户心里存着5分钟、7分钟的观念，他会觉得费时不多，就会安心地听下去。等他心里发生了这种微妙的变化后，你再观察他的表情，如果他有继续听下去、看看你的商品的意愿，你就可以把说明书或样本递过去，再诚恳地问他："您有什么意见吗？"

遇到性急的客户连珠炮似的发问时，推销员一定要先听清楚对方的问题，等把样品拿出来时，可以不必按照对方问话的次序，向他说明使用的方法和好处，同时在这种情形之下，你也可以对他说句："请您稍等一下。"然后再慢慢地向他解说。

当你把客户的注意力引到你的话上时，要尽量说明你所认为要紧的理由，如果推销员自己的言行不严谨、不清楚，反而会使客户听得不耐烦，以致生意没谈妥，这时推销员最好长话短说，多用动词，少用形容词，言语简短有力，态度举动也要有分寸。

5.吹毛求疵的客户

有一种人专门爱跟别人斗嘴、瞎扯。这种人不论什么事，总爱批评几句，如果事情迎合他的口味，就会怡然自得。因为这种人喜欢理论，如果推销员不合他的胃口，他就会讨厌这个推销员。这种人还有个特征，就是对有权威的人所讲的话会有不屑的态度，且还会用诡辩式的三段论法，使推销员无法接近他。

"是的，你讲的话的确很有道理，这也不是我们所能赶得上的（适时给对方戴上高帽），但是这种产品，是我们公司的新发明，也许你知道，××大学电子工程系的吴教授，就是这方面的权威人士，他曾经针对我们的产品研究试验后，称赞这项发明确实非常好。"

在理论上，如果你能够提出权威证明，对方是比较能接受的。就算你知道客户是在诡辩，也不可以指责或点破对方，一方面可以表示说不过他，另一方面要设法改变话题，从其他方面跟他谈论下去。

6.圆滑难缠的客户

这种类型的客户性格好强且顽固，在与推销人员面谈时，先是固守自己的阵地，并且不易改变初衷；然后向你索要产品说明和宣传资料，继而找借口拖延，还会声称另找厂家购买，以观察推销员的反应。

倘若推销员初次上门，经验不足，便容易中其圈套，因担心失去客户而主动降低售价或提出更优惠的成交条件。针对这类圆滑老练的客户，推销员要预先洞察他的真实意图和购买动机，在面谈时造成一种紧张气氛，如现货不多、不久要提价、已有人订购等，使对方认识到只有当机立断做出购买决定才是明智举动。对方在如此"紧逼"的气氛中，推销人员再强调购买的利益与产品的优势，加以适当的引导，如此双管齐下，客户也就没有纠缠的机会，失去退让的余地了。

由于这类客户对推销员缺乏信任，不容易接近，他们又总是以自己的意志强加于人，往往为区区小事与你争执不下，因而推销员事先要有受冷遇的心理准备。

在洽谈时，他们会毫不客气地指出产品的缺点，且先入为主地评价推销员和有关厂家，所以在上门走访时，推销员必须准备足够的资料和佐证。另外，这类客户往往在达成交易时会提出较多的额外要求，如打折等，因此推销员事先在价格及交易条件方面要有所准备，使得推销访问井然有序，避免无功而返。

7.冷淡傲慢的客户

此类客户多半高傲自视，不通情理，轻视别人，凡事自以为是，自尊心强，不善与他人交往。这类客户的最大特征就是具有坚持到底的精神，比较顽固，他们不易接近，但一旦与其建立起业务关系，便能够持续较长时间。

由于这种类型的客户个性严肃而灵活性不够，对推销商品和交易条件会逐项检查审问，商谈时需要花费较长时间，推销员在接近他们时，由熟人介绍效果最好。对这种客户，有时候推销员用尽各种宣传技巧之后，所得到的依然是一副冷淡、傲慢的态度，甚至是刻薄的拒绝，所以必须事先做好思想准备。

碰到这种情况，推销员可以采取激将法，给予适当的反击，如说上一句："别人老是说您最好商量，今天您却总是反驳我，是发生了什么事吗？""早知道您没有意愿购买，我当初真不该来这里浪费时间和口舌！"如此这般以引起对方辩解表白，刺激对方的购买兴趣和欲望，有时反而更容易促成交易。

Part 6
如何与爱人说话（贴心）

与恋人初次交谈的成功秘诀

很多青年人与异性初次交往时，往往由于缺乏准备，谈得不妙，"第一次"居然成了"最后一次"，造成了抱憾终生的后果。

"谈情说爱"，这四个字分明告诉你，欲获得"情"和"爱"，非得"谈"与"说"不可。第一次与她谈，称之为"初恋的交谈"，是一种艺术，非掌握技巧不可。它能使你在情窦的初萌中，把你丰富的思想、微妙的心声用妥帖的话语表达出来，去"接通"对方的脉搏，爆出初恋的火花，使爱情的烈火从此熊熊燃烧起来。这是一门复杂的学问，也是一个难题。这正如恋爱，没有固定的模式。以下仅就常见的几种形式进行探讨，希望能对更多的年轻男女有所帮助。

1.同"一见钟情式"的恋人

普希金的代表作诗体长篇小说《叶甫盖尼·奥涅金》中，女主人公达吉雅娜是个朴素热情、富于幻想、热爱自然的姑娘，她见到男主人公奥涅金后就立即爱上了他，并大胆地写信向他表白，诗中写道：

别人啊……不，在世界上无论是谁，

我的心也不交给他了！

这是神明注定的……

这是上天的意思：我是你的；

我的一生原就保证了和你必定相会；

我知道，你是上帝派到我这里来的，

你是我的终身的保护者……
你在我的梦里出现过,
虽然看不见,你在我面前已经是亲爱的,
你奇异的目光使我苦恼,
你的声音在我的心灵里,
早已响着了……不,这不是梦!
你一进来,我立即就知道了,
完全昏乱了,羞红了,
就在心里说:这是他!

达吉雅娜见到奥涅金,真可谓"一见钟情"。但我们这里所讲的"一见钟情"的爱恋,是指由爱恋的双方的直觉感官产生的,是由对方的形象、印象起决定作用的,如外貌、风度、言谈,等等,使男女双方的"钟情"往往产生于"一见"之际。

2.同"友谊发展式"恋人

既然恋人是由友谊发展而来的,那么就比较难明确从哪一次开始不再作为朋友,而是作为恋人做第一次交谈的。在两位年轻人经历了漫长的友谊过程后,随着年龄、感情的增长,友谊出现了"飞跃",产生了爱恋。我们把年轻人向他所爱的人表白爱情的言谈,作为同恋人的第一次交谈。

19世纪法国微生物学家路易·巴斯特,他表达爱情的方式是颇具特色的。巴斯特在法国斯特拉斯堡大学任教时,认识了校长洛朗的女儿玛丽小姐,在友谊持续了一段时间后,巴斯特深深地爱上了玛丽。于是,他分别给洛朗先生、洛朗太太、玛丽小姐写了信。除了表达真挚的爱情外,巴斯特在给洛朗先生的信中写道:"我应该先把下面的事实告诉您,让您容易决定允许或拒绝。我的家境小康,没有太多的财产。我估计,我的家财不过5万法郎,而且我早已决定把我的一份送给我的姐妹们了。所以,我可以算是一个穷汉。我所拥有的只是健康、勇敢和对科学的热爱,然而,我不是为了地位而研究科学的人。"巴斯特的言语非常坦率,又带着炽热的情感,他最终得到了玛丽小姐的爱情。

马克思同燕妮的爱情脍炙人口,在全世界人民中被广泛地传为美谈。马克思同燕妮从小青梅竹马,他向燕妮表示爱情,提出求婚时说:"我已爱上一个人,决定向她求婚……"

此刻,一直深爱着马克思的燕妮心里急了,她问:"你能告诉我,你所选择的恋人是谁?"

"可以。"马克思一面回答,一面将一个小方盒递给了燕妮,说:"在里边,等我离开后,你打开它,便会知道。"

马克思走后,燕妮怀着忐忑不安的心情打开小方盒,里边装的是一面镜子,其他什么也没有。镜子里照出了燕妮自己美丽的容貌,燕妮顿时恍然大悟,幸福地笑了,被马克思所爱、所追求的正是她自己。

列宁同夫人克鲁普斯卡娅的"首次恋爱言谈",似乎有着传奇的色彩。列宁自己风趣地说,是在伏尔加河畔认识克鲁普斯卡娅的,是在"吃第四张春饼时爱上她的"。由于列宁没日没夜地为革命工作忙碌,没有时间顾及个人的恋爱私事,他只能把爱情的种子深深地埋在心底。直到当列宁和克鲁普斯卡娅被捕后,在监狱里,列宁才用化学药水给克鲁普斯卡娅写信,倾诉了埋在心底的火热的爱情。此后,列宁被流放到西伯利亚,在流放生活中,他抑制不住相思的痛苦,在给克鲁普斯卡娅的信中提出求婚。在信的末尾,列宁是这样写的:"请你做我的妻子

◇ 相亲时如何交谈 ◇

一般来说，经人介绍发生恋爱关系的恋爱对象，无论男女，都会有这三种状态，那又该怎样说话应对呢？

> 我觉得今天与你认识很愉快！

1.一见钟情

如果你对见到第一眼的他有感觉，应主动开口表达出来。

> 我希望以后能常联系，你呢？

2.有待了解

如果双方需要进一步的认识和考虑，也应该直接告知对方。

> 我将征求父母的意见。

3.不满意

若感到不满意，应保持交往礼仪，委婉表示，避免将不满情绪流露出来。

吧。"列宁坦率、真情的求婚，使克鲁普斯卡娅非常激动，她毫不犹豫勇敢地向寒冷的西伯利亚疾跑，要与列宁生活、战斗在一起。

多交谈是情感保值的秘密

"相爱简单，相处太难"。在恋爱之初，相互觉得性格相投、相处融洽，但结婚之后，会发现彼此间有许多差异。这时，语言的沟通有着极其重要的作用。

在性格不同的夫妻身上，我们往往更容易发现一些不尽相同的特点，或者会遭遇到一些不熟悉、不习惯的东西。如果我们对那些与自己不同特点、习惯、兴趣和爱好的人过分挑剔，其结果是不堪设想的。

林肯的夫人老是抱怨这，抱怨那，老是批评林肯：他的一切，从来就没有对的。他老是伛偻着肩膀，走路的样子也很丑。他提起脚步，直上直下的，像一个印第安人。她抱怨他走路没有弹性，姿态不够优雅；她模仿他走路的样子取笑他，并唠叨着，要他走路时脚尖先着地，就像她从勒星顿德尔夫人寄宿学校所学来的那样。他的两只大耳朵，成直角地长在他头上的样子，她也不喜欢。她甚至说他鼻子不直，嘴唇太突出，看起来像痨病鬼，手和脚太大，而头又太小。

亚伯拉罕·林肯和夫人玛利·陶德，在各方面都是相反的：教育、背景、脾气、爱好及想法，都是相反的。他们经常使对方不快。

"林肯夫人高而尖锐的声音，"林肯研究的权威、原参议员亚尔伯特·贝维瑞治写着，"在对街都可以听到，她盛怒时不停的责骂声，远远地传到附近的邻居家。她发泄怒气的方式常常还不仅是言语而已。她暴躁的行为简直太多了，真是说也说不完。"

举一个例子，林肯夫妇刚结婚之后，跟杰可比·欧莉夫人住在一起。欧莉夫人是一位医生的遗孀，环境使她不得不分租房子和提供膳

◇ 成为恩爱夫妻的秘诀 ◇

恩爱夫妻有一个共同的特点，就是在通向恩爱和睦的大道上，是需要付出代价的，爱情需要时间的考验、精神上的投资。他们有什么样的秘诀呢？

> 我弟弟装修房子呢，想让我们帮他一下，你说借给他5000元钱怎么样？

> 是不是有点少，至少10000元吧。那可是你弟弟啊，再说他也帮过我们不少。

1.多商量

凡事多商量，许多棘手的问题往往可迎刃而解。

> 别难过，你还有我。

2.多安慰

一个人受委屈时，需要关怀和安慰，女性更是如此。安慰话胜似"灵丹妙药"。

> 别泄气，我相信你能成功。

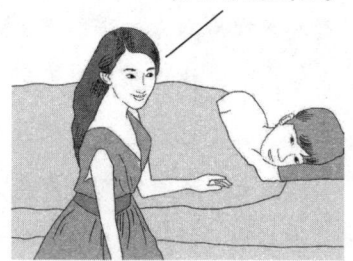

3.多支持

夫妻任何一方都难免遭受意外，这时对方的支持能给人勇气和力量。

食。一天早晨,林肯夫妇正在吃早饭,林肯做了某件事情引发了他夫人的暴躁脾气。是什么事,现在已经没有人记得了。但是林肯夫人在盛怒之下,把一杯热咖啡泼在她丈夫的脸上,当时还有许多其他房客在场。

当杰可比·欧莉夫人进来,用湿毛巾替他擦脸和衣服的时候,林肯羞愧地静静坐在那里,不发一言。

林肯夫人的嫉妒,是如此的愚蠢、凶暴和令人难以置信,她在大众场合所弄出来的可悲而又有失风度的场面,在多年以后,都叫人惊讶不已。有专家分析指出,她之所以脾气暴躁,或许是受夫妻之间缺少情感交流的影响而造成的。

夫妻间要注意的方面有很多,但只要以诚相待,注意各自的修养,讲究交谈艺术,就能使夫妻生活幸福美满且恩爱。

争吵有度,和好有方

即使是最恩爱的夫妻,相互间也难免发生争吵。一般口角,吵过之后也就完了,但是,如果争吵起来不加控制就可能激化矛盾,引出意想不到的坏结果。所以,夫妻争吵有必要控制好"度",即使在最冲动的情况下,也不要超越这个界限。

1.不带脏字

争吵时,夫妻双方可能提高嗓门,说一些过激过重的话,但是绝不能骂人,不能说脏话。有些人平时说话带脏字和不雅的口头禅,争吵时也可能顺口说出来。然而,这时对方不再把它当成口头禅,而视为骂人,因此可能会发生更激烈的争吵。

2.不揭短

夫妻双方十分清楚对方的毛病和短处。比如,对方存在生理缺陷,个子小,不生育等。平时,彼此顾及对方的面子不会指出。可是一旦发生争吵，当自己理屈词穷、处于不利态势时，就可能把矛头对准对方的短处，挖苦揭短，以期制服对方。有道是"打人莫打脸，骂人不揭短"，任何人都最讨厌别人恶意揭短，这样做只会激怒对方，扩大矛盾，伤及夫妻感情。

3.不翻旧账

有的夫妻争吵时，喜欢把过去的事情扯出来，翻旧账，拿陈芝麻烂谷子作证据，历数对方的"不是"和"罪过"，指责对方，或证明自己正确。这种方式是很愚蠢的。夫妻之间的旧账很难说得清。如果大家都翻对自己有利的那一页，眼睛向后看，不但无助于解决眼下的矛盾，而且容易把问题复杂化，让新账旧账纠缠在一起，加深怨恨。夫妻争吵最好"打破盆说盆，打破罐说罐"，就事论事，不前挂后连，这样处理问题才容易化解眼前的矛盾。

4.不涉及亲属

有的夫妻争吵时，不但彼此指责，而且可能把对方的父母、亲属也裹进来。如说："你和你爸一样不讲理！""你和你妈一样混账！"如此把争吵的矛头指向长辈是错误的，也是对方最不能容忍的。

5.不贬低对方

最容易激起对方反感的莫过于拿别人家的丈夫、妻子做比较，来贬低自己的丈夫或妻子："你看看人家老王，会修车，光是这项技能，每月就有几百元额外收入了。""同样的收入，人家小陈家每月可存入2000元，你呢？月月超支，怎么当家的？"

俗话说："人比人，气死人。"要是对方接受数落，咽下这口气倒也罢了，就怕对方敬你一句："你觉得他好，怎么不跟他过去呀！"长此下去，夫妻关系必然产生裂痕。

6.留下退路

两口子吵架,妻子的绝招之一是抓上几件衣服或抱上孩子回娘家。此时丈夫如不冷静,在盛怒之下火上浇油,送上句"快滚吧,永远不要回来"之类的伤人话,就会使事态更为严重。反之,当你觉得妻子的走已成定局时,如果施些补救之计如追妻至大门外:"你走了我怎么生活!""等一等,我去给你叫辆出租!""就当今天是星期天吧,明天就回来!"如此等等,话说到点子上,常能打动对方的心,即便是她走了,但感觉总是不一样的,为她的回归留下了余地。

7.打电话向对方道歉

当面讲难以启齿,而在电话里讲,双方都比较自然、方便,也可以通过其他话题进行沟通。夫妻生活在一起,家务事总是有的。上班时,你可一个电话打给对方,以有事相商来引发对话。此种方法应既考虑对方乐意接受的内容,且又给对方发表意见的机会。

8.认错求和

如果一方意识到发生矛盾的主要责任在自己,就应主动向对方认错,请求谅解。如:"好了,这事是我不好,以后一定要注意。这件事是我考虑不周,责任在我,我赔不是,你就不要生气了,气出病来可不划算!"对方听了,一腔怒火也许立刻就烟消云散了。

9.求助示弱

早晨起床时,已经几天没与妻子说上一句话的丈夫问妻子:"你给我洗好的那件白衬衣放到哪里啦?"早已想和丈夫恢复正常的妻子见有了台阶,忙着应声:"你这个人呀,总像住酒店旅游的客人一样,衣服放在哪儿都不清楚,我去给你拿来。噢,对了,昨天还给你买了件新的,忘了告诉你。""是吗,快拿来看看,还是老婆心里有我,斗气也没有忘了我。"这一来一去关系自然就好了。

在化解沉默中,女方"示弱"也是一小招。如早晨或晚上表现出不舒服、不想动时,都能引出丈夫的话题,因为男人在关心妻子时开口,这绝不是屈从的表现,不会有损于大丈夫的形象。

10. 直言和解

如果双方的矛盾并不大,只是偶然出现摩擦,可以直截了当和对方打招呼,打破沉默。如:"好了,过去的事就叫它过去吧,不要再憋气了。"对方会有所回应,言归于好。也可以装作把所有的不愉快都忘掉了,像什么事也没有发生似的,主动与对方说话,对方如顺水推舟,便可打破沉默。如上班前,丈夫突然对还在生气的妻子问:"我的公文包呢?"见丈夫没有记仇,妻子也不好意思不理睬,应声道:"不是在衣柜上吗?"这样就打破了僵局。

11. 幽默和解

开个玩笑是打破僵局的最佳方式。如:"你看世界上的冷战都结束了,我们家的冷战是不是也可以松动一下?""瞧你的脸拉那么长干什么!天有阴晴,月有圆缺,半月过去了,月儿也该圆了吧!女人不是月亮吗?"对方听了大多都会"多云转晴"的。

总之,只要一方能针对矛盾的具体情况,采取相应的沟通方式,巧用言语,就可以打破僵局,让家庭生活恢复往日的欢乐与和谐。

Part 7
如何与孩子说话（平等）

孩子需要你的赞美

南京某厂技术员周宏用赞美的办法，把双耳几乎全聋的女儿婷婷，教育成了高才生。

周宏第一次看小婷婷做应用题，10道题只做对了1道，按说该发火了，可是他没有。他在对的地方打了一个大大的红钩，并由衷地赞扬她："你太了不起了，第一次做应用题，10道就对了1道，爸爸像你这么大的时候，碰都不敢碰呢！"8岁的婷婷听了这些话，自豪极了。在父母的鼓励下，10岁那年，婷婷就写作出版了6万字的科幻童话。消息见报后，不少有残障儿童被送到周宏门下，在周宏的"赏识教育法"下得到了很大进步。他说："哪怕天下所有人都看不起你的孩子，你都应该眼含热泪地欣赏他，拥抱他，赞美他。"

周宏巧妙地把赞美用在了孩子的真善美上。赞美开发了孩子内在的潜力，激起了他们学习上的热情，唤起了他们强烈的进取心，使得孩子变"要我学"为"我要学"，激发了孩子的潜力。

然而，在现实生活中，有的家长不是这样做的。他们认为孩子是自己生的、自己养的，督促学习也是为了孩子好，不必老是哄着、捧着，甚至以为不打不成材，"棍棒底下出孝子"。因此，这些家长老是"居高临下"，总想从精神上、肉体上驾驭孩子，结果孩子在家长的高压下，心情焦虑，逐渐出现心理障碍，甚至精神和行为失控，不少家长为此付出了惨痛的教训。他们不知，光靠压是不行的。只有加强引导，让孩子好之乐之，孩子才会"不用扬鞭自奋蹄"。而赞美就是一剂良方。

人都是爱听好话，喜欢受到表扬的。美国心理学家威廉·詹姆斯研究发现：人类本性最深刻的渴望就是受到赞美。孩子更是如此。因为孩子好奇心强但自信心不足，他们对自己的每一点小小的进步都非常在乎，渴望得到大人的肯定。

其实，心理学中的"罗森塔尔效应"，揭示的就是"赏识——赞美"的巨大作用。现实生活中，也不乏这样的经典范例。如19世纪德国《卡尔·威特的教育》的真实记录；我国著名教育家陶行知先生"四块糖果"的故事等。

对孩子的教育，家长不应当吝啬赞美，吝啬肯定，吝啬鼓励。而只有学会这些，并适当地运用，会使孩子树立向上的信心，鼓起前进的勇气，大胆地往前走。

与孩子有效沟通的秘诀

很多父母都感觉跟孩子讲道理是非常难的一件事。父母说得天花乱坠，孩子却这耳朵进，那耳朵出，一不留神，孩子还逮着个错反诘父母半天。有些父母能与孩子说得眉飞色舞、热火朝天，有些父母却很少与孩子讨论什么。他们与孩子说话，往往说上三五句，孩子不耐烦，父母也没词了。为什么父母和孩子发生沟通危机呢？又该怎样和孩子沟通呢？

"沟通"一词，《现代汉语词典》的解释是："使双方能通连。"用时下的语言，就是寻求事情的"共同处"，找出事物的"平衡点"，画出事物的"交集"，其过程是"疏通"，其结果是"融洽"。作为孩子的第一任老师，和谐地与孩子沟通至关重要。

1.了解是沟通的前提

孩子与家长出现沟通危机，不怪孩子，主要还是家长造成的，为什么孩子懂的，家长不懂？为什么孩子关心的事，家长就不关心呢？这是因为我们不了解孩子，不知道孩子想什么、关注什么和需要什么。没有

◇ 学会赞美孩子 ◇

家长恰当地运用赞美，会帮助孩子达到光辉的顶点。因此，家长学会赞美孩子是很有必要的。

1.尊重孩子

把孩子当作朋友，平等相待，切实尊重孩子，才会从内心去赞美孩子。

2.有一颗平常心

家长对孩子的期望值不要过高。当孩子没有达成目标时，要适时鼓励，不要一味责备。

你已经尽力了，我很欣慰。

3.要持久

孩子的培养不可能一蹴而就，家长应持之以恒地鼓励孩子，让孩子在赞美中健康成长。

进入孩子的内心世界，又谈何沟通呢？

此外，当我们和孩子沟通时，还要了解孩子当时的情绪状况。孩子和大人一样，情绪好时比较容易接受不同的意见，不高兴时则容易发拗，因而跟孩子讲理，要充分了解孩子的情绪状况，在其情绪较好时，对其进行教育，若在孩子情绪低落时跟他说理，是不会奏效的。

2.平等是沟通的关键

为人父母者往往仗着"闻道"早于孩童辈，就不知、不愿、不肯、不屑去认同孩子，就以成人的眼光、成人的标准去"箍"、去"套"、去约束孩子的小脑袋、小世界。他们总是难以忘记自己"教育者"的角色，以至于和孩子沟通时总是难以保持平等，"你要""你应该""你不能"等词语常常挂在嘴边，孩子自然渐渐失去了与家长沟通的愿望。

和孩子沟通，要讲究技巧，和孩子平等沟通。我们是与孩子谈话而不是训话，如果总是板着面孔，居高临下，就很难和孩子交知心朋友，孩子不是不愿谈，就是说假话。这就要求家长和孩子谈话时，要以孩子的心态和孩子能理解的语言进行，要蹲下身来和孩子沟通，让孩子觉得你是他的朋友和伙伴，这样沟通才会水到渠成。

3.倾听是沟通的良方

许多孩子都有自己的主见，不愿意当被训导的角色，他们思想活跃，希望有个细诉衷肠的对象。这时的家长应该改变原来的教育方法，努力创造一种"聆听的气氛"。最好的办法是家长经常抽空陪伴孩子，并且当一个好听众。

只有倾听孩子的心里话，才能更好地与孩子沟通。孩子向你诉说高兴的事，你应该表示共鸣，如孩子告诉你他在学校得到了老师的表扬，你可以称赞说："噢，真棒，下次你会做得更好！"

孩子向你诉说不高兴的事，你应该让他尽情地宣泄，并表示同情，如当孩子告诉你小朋友推了他一把，他非常气愤时，你可以说："你很生气甚至想打他，是吗？但你不能这样做，你可以告诉老师，请求老师的帮助。"

当孩子向你诉说你不感兴趣的话题，你应该耐着性子听，表示你关注他的谈话内容，你可以使用"嗯""噢""是吗""后来呢"等词语，表示你在认真地倾听，鼓励孩子继续说下去。这样，不仅使孩子乐意向你倾诉，也可以提高他的语言表达能力。

听和说总是联系在一起的，与孩子交谈要耐心地当好孩子的听众，在孩子漫无边际的讲述中，父母可以了解他的真实想法，在他针对某件事的辩解中，可以发现事情的真正原因，便于说服教育。

4.信任是沟通的基石

和所有的友谊一样，两代人的沟通也要讲一个"信"字。说话算数说起来简单，真正做到并不容易。儿童心理医生林达举过这样的例子：一位妈妈因为6岁的女儿不愿与她沟通，便领着女儿去进行心理咨询，结果发现原因是妈妈将女儿告诉她的"秘密"，在晚饭时不经意地告诉了家庭里的其他成员，结果哥哥姐姐们以此来取笑她，从此她再也不肯对妈妈说什么了。可见，孩子和家长之间的相互信任是非常重要的。

你若不能相信孩子，孩子凭什么信任你、相信你是真心帮助他的？你若得不到孩子的信任，又怎能跟孩子沟通？

5.赏识是沟通的最好添加剂

"数子十过，不如奖子一长。"跟孩子讲道理，应充分肯定孩子的长处，对孩子的进步给予及时的表扬和鼓励，在此基础上再对孩子的过错予以纠正，这样孩子就容易接受大人的意见。如果一味地数落孩子，责怪孩子这也不是那也不对，只会让孩子产生自卑心理和逆反心理。

恰到好处的赞美是父母与孩子沟通的兴奋剂、润滑剂。家长对孩子

◇ 惩罚是沟通的双刃剑 ◇

惩罚是一种特殊的沟通，它是一把双刃剑，既可以教育孩子，也可以伤害孩子，如何使用惩罚是教育成败的关键。

> 因为你乱扔果皮，妈妈罚你打扫一个星期的卫生。

1.惩罚要有理由

父母应牢记，惩罚并非不讲道理，而是将道理渗透在惩罚之中。

> 你之前就爱欺骗、撒谎，这次又逃学，真是被你气死了。

2.惩罚不能揭短

在惩罚时不断地揭孩子的短，翻老账，这样会彻底损坏孩子的自尊心。

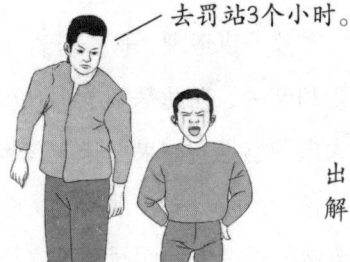

> 去罚站3个小时。

3.惩罚要公平和适度

过多过重的惩罚会让孩子心理出现偏差，感受不到父母的爱和理解，走向极端。

每时每刻的了解、欣赏、赞美、鼓励，会增强孩子的自尊、自信。我们要切记：赞美鼓励使孩子进步，批评指责使孩子落后。

沟通是一门学问，一位教育家说得好："父母教育孩子的最基本形式，就是与孩子沟通。我深信世界上最好的教育，是在和孩子的沟通中实现的。"

规劝的话要"裹着糖衣"

苦味的药丸，外面裹着糖衣，使人先感到甜味，容易一口吞下肚子去。于是，药物进入胃肠，药性发生效用，疾病也就好了。父母在对孩子说规劝的话之前，先来给他一翻赞誉，使孩子先尝一些甜头，然后你再说上规劝的话，孩子就容易接受了。

如果你要人家遵照你的意思去做事，总应用商量的口气。譬如有一位主管要求属下做事时，就会用商量的口气说："你看这样做好不好呢？"

正处于青春期的孩子，逆反心理比较强，如果父母在批评孩子时只顾苦口婆心地规劝，往往起不到实质的作用。

当然，为了纠正孩子的错误，指导孩子去做应该做的事情，有时批评孩子是必要的，只是要特别小心，在言语和态度上都要谨慎，千万不可用讽刺或嘲笑的言语，免得引起孩子的反感和难堪，使之产生自卫和反抗的心理。

如果孩子做错了事情，父母可先平和地指出其错误的地方，告诉其这样做的后果，然后提出改正的方法，使孩子明白应该走的路和应该做的事。如果孩子付出了努力，尝试去改过，就算不能立即生效，做父母的也不必气馁，可以从旁继续鼓励，告诉孩子他的努力不会白费。

此外，在规劝孩子的时候应尽量避免有外人在场，因为这样他会觉得自己很丢脸，没有面子，所以也很难接受你的劝告。

Part 8
如何与父母说话（坦诚）

说服父母有妙招

许多人都说与父母有代沟。的确，因为年龄的原因，又因为缺乏交流的艺术，双方经常产生摩擦。家庭中父母与子女间的摩擦，多是两代人之间的思想分歧，解决起来不大容易。而偏偏长辈大多固执，后辈又执拗，双方都觉得自己正确的时候，往往要靠争辩解决问题，这就激化了矛盾。

在这种情况下，如何说服父母，需要一定的技巧。说服父母是一种特殊的交流和沟通过程。

1.利用类比讲明道理

在说服过程中，可以巧妙地把父母的经历和自己目前的状况类比，以求得他们的理解，使他们没有反对的理由。

比如，有一位大学毕业生想到南方闯一闯，家长不同意，他这样找理由说服父亲："爸，我常听你说，你16岁就离家到外地上学，自己找工作，独自奋斗到今天！我现在比你当时还大两岁呢，我是受你的影响才这样决定的，我想你会理解和支持我的。"这样一来，儿子成功地说服了父亲，父亲无法再坚持自己的意见了。

做父母的都有自己认为辉煌的过去，他们免不了以这些资本教育子女。对于已成年的子女，如果要干一番事业但受到父母的阻挠时，就可以拿他们的经历作为论据，进行类比，这样有很强的说服力。

2.献殷勤，套近乎

献殷勤，不是虚情假意，而是要实实在在地孝敬父母。虽然父母有缺点，可做儿女的应该真心实意地爱他们，关心他们的冷暖和健康，为他们分忧解愁。有了这个心理，你就会有许多"献殷勤"的办法，也会有诚恳、礼貌、亲切的态度，自然而然就会说得顺耳，讲得动听了。

要提醒的是，当父母问你什么事情时，这是送上门的"献殷勤"的好机会，你一定要耐心、认真地正面回答或解释，这样一定会换得父母更多的怜爱。长辈总想更多地了解晚辈的生活，你只要耐心地告诉他们就足够了。

人与人之间应该互相尊重，子女对父母更应该如此。而这种尊重，很重要的一个方面就是经常向老人请教和商量问题。除了那些自己能够预料到的肯定与父母的观点存在明显分歧，而又必须坚持己见的问题之外，其他的事情，则应该经常及时地与父母商量，听听他们的意见，这无疑是有好处的。即使清楚地知道自己与父母的观点一致，也不妨走走过场，以求得意见一致时所带来的愉快心情。

3.以父母的期望作为自己的旗帜

父母对子女的未来都寄予厚望，望子成龙是他们梦寐以求的，而且在日常生活中，父母常常教导子女要敢闯敢干，将来要做一个有作为、有成就的人。在说服他们时，只要你提出的意见与他们的目标一致，就可以抓住这面旗帜，作为有力的武器，为己所用。

有一位刚毕业的年轻人在一家公司找到一份工作，而父亲不同意儿子的选择，正在托人给他安排工作。这个年轻人说："这个公司我了解过了，很有前途，生产的是高技术产品，和我学的专业很对口。再说，单位机关好是好，可是人才济济，我到那里要想干出一番事业，恐怕机会不多。可是在这个公司就不同了，我去那里，总经理要我马上把技术工作抓起来，这是多好的机会。我从小就依靠你们，没有主见，我现在长大了，这个决定就是我自己独立思考定下的。我想你一定会支持我的。"

听到这里，父亲还能说什么呢？

一般说来，父母很注意自身的尊严，对过去说过的话不会轻易失信，而且会及时兑现。所以，在说服他们时，可以适当利用这种心理，用他们的话作为自己的旗帜，很容易就会成功。

4.发挥坚决态度的震撼力

子女在说服父母时要表明自己的坚决态度，让他们明白自己的选择是慎重的，是下了决心的，不管遇到什么情况都不会动摇，即使决定错了，也准备独自承担责任，决不后悔。

这种坚决的态度具有柔中带刚的作用，对于父母有强烈的震撼力。父母从中可以看到子女的主见和责任感，就不会硬顶着把事情搞僵，反而还会顺水推舟，同意子女的意见。

要指出的是，如果自己的意见不正确，甚至完全错误，那就不是说服父母的问题，而是应该坚决地放弃自己的想法，采纳他们的意见。

父母吵架时的劝说艺术

父母发生摩擦闹矛盾，甚至吵架怎么办？最重要的是你要当好中间人，首先，劝说情绪比较激烈的一方，让他少说几句；其次，如果你知道是哪方错的话，可以跟他讲讲道理，注意一定用平和的语气；最后，不管谁对谁错，你千万别偏向任何一方，而是以把吵架平息为目的。

有一位教育家这样说："我小的时候，隔壁邻居家夫妻两个经常吵架，而他们吵架的时候，家里的两个孩子通常只是在一边傻傻地看着，或是在一边流泪。夫妻俩总是小事吵成大事，大事就更不得了，一直到有人劝为止。通常夫妻吵架有时会陷入双方谁也不服谁的僵局中，外人来劝也解决不了。这个时候如果孩子能很好地劝架，那么夫妻的吵架问

◇ 父母吵架应该怎么劝 ◇

父母争执发生矛盾时，孩子是最适合做好双方工作的那个人。所以，当父母争吵时，应保持冷静的头脑，绝不可意气用事。

> 看镜头，吵架的老头儿和老太太。

1.双方僵持不肯让步时

此时子女应主动安慰，立即做好劝说工作，尝试用幽默的方式化解纠纷。

> 爸妈，我还有事，你们好好吃，别浪费。

2.双方后悔羞于认错时

此时子女应创造机会，为双方搭桥，暗中巧妙让双亲言归于好。

> 妈，你就原谅爸吧，他已经知道错了。

3.一方求和一方生气时

此时子女应传递想要和好的心情，这样几经劝说，就可以让父母和好如初了。

题就很容易解决了，父母会因为孩子那么懂事而欣慰，说不定以后会减少吵架的次数。

不能把自己置于局外人的地位，对父母的争吵毫不过问，冷眼旁观，熟视无睹，自称"小孩不管大人的事"；也不能不分青红皂白跟着大吵大闹，把父母双方都责怪一通，两人吵变成三人吵。

任何夫妻都有吵架的时候，但夫妻吵架的时候孩子的态度通常是很重要的，因为没有父母不疼自己的孩子的。

巧妙化解与父母的争执

在孩子的眼里，父母似乎永远是"自由"的反义词；在父母的眼里，孩子似乎总是"天真"的代名词。当你对某一事物的看法与父母不一致，而父母又不肯改变自己的意见时，你应该运用怎样的说话技巧说服父母呢？

与父母意见不一致时，很多人会与父母顶嘴、唇枪舌剑地理论，也有一些人会躲在一边生闷气，再不就是拂袖而去，一走了之。这样做可以在一定程度上发泄你愤怒的情绪，却会伤害你与父母之间的感情，而且也无助于培养你和父母相互尊重的习惯。因此，最好能学会掌握说话的艺术，以建设性的方式处理你与父母的不一致的想法。

小王到北京出差时，遇到张敏，两人一见如故，短短一个月便成为亲密无间的好友。事情办完后小王不得不离开北京，临走前小王把地址、电话都留给了张敏。

没过多久，张敏也出差，目的地正好是小王所在的城市，于是他给小王打了电话。二人在小王家见面了，像故友一样两人无话不谈。等张敏走后，小王的父母发话了："你怎么交了这么个朋友？这个人看起来不太好。"

小王一听不乐意了："我交什么朋友，你们都不满意。"

"我们这是为你好，怎么这么不懂事？"

"你们看着好就一定好吗？你们觉着不好就不能来往吗？"

父母听了气不打一处来，开始骂了起来。小王一看这样说下去肯定不行，马上缓和了口气："我知道你们是为我好，张敏和我属于同一个集团，做事干练，人也挺好的，而且从小没了父母，也怪可怜的。再说了我都这么大了，也能分清是非了。"父母听了小王的话缓和了下来，最后小王也说服了父母。

每个人的看法都会有一定的道理。与你相比，父母的人生阅历丰富，考虑问题会比较周到，但也容易形成固定的看法，产生偏见。你呢，由于思想上没有那么多框框，容易接受新东西，但考虑问题难免片面、肤浅。如果你既能看到父母意见中不合理的成分，还能看到其中有道理的一面，不仅能"化干戈为玉帛"，还会得到有益的借鉴。

当你与父母的意见不一致的时候，不妨静下心来想想，父母为什么会有这样的看法？其中是否有一定的道理？最好先肯定父母观点中有道理的一面，再说明自己的看法。即使你完全不同意父母的意见，也不要用挖苦的语调与父母说话，那样父母会感到受到伤害。

多一些了解，少一些冷漠；多一些关爱，少一些摩擦；多一些鼓励，少一些责备。如果我们能为父母多想想，站在他们的角度看问题，也许和父母的争执就不会那么激烈了。

◇ 如何处理与父母的争执 ◇

子女与父母发生争执是很正常的,因为一个人看问题的角度往往与他过去的经历和现在的状况有关。因此,我们应该学会处理与父母之间的争执。

> 爸妈,别生气,我先去上班,这事晚上再说。

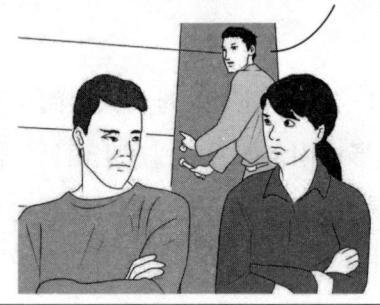

1. 躲开争执现场

最好先找个借口离开现场,等大家都心平气和的时候再讨论问题。

2. 利用中间人

事先说服其中一位,然后再说服另一位,或者邀请同龄好友参与讨论。

> 还是妈妈最疼我,爸爸那边也拜托你了。

3. 尊重父母

父母有权坚持自己的意见,子女也应当尊重他们的选择,这样才能得到他们的理解。

下 篇
在什么场景说什么话

Part 1
委托他人办事的说话艺术（利益捆绑）

谈话中避开自己

委托他人办事，只有让对方感到高兴才能让其爽快答应，把事情办成。让其高兴的方法之一就是多谈论他的事情，而少谈论自己的事情。

人最感兴趣的就是谈论自己的事情，对于那些与自己毫无相关的事情，多数人会觉得索然无味。对你来说是最有趣的事情，常常不仅很难引起别人的共鸣，甚至还会让人觉得可笑。

年轻的母亲会热情地对人说："我的宝宝会叫'妈妈'了！"她这时的心情是很激动的，可是，旁人听了会和她一样地高兴吗？谁家的孩子不会叫妈妈呢？你可不要为此而大惊小怪，这是很正常的事情，如果孩子不会叫妈妈才是怪事呢。所以，在你看来是充满了喜悦的事，别人不一定会有同感。

竭力忘记你自己，不要老是谈你个人的事情，你的孩子，你的生活……人最喜欢谈论的都是自己最熟知的事情，那么，在交际上你就可以明白别人的弱点，而尽量去引导别人说他自己的事情，这是使对方高兴的最好方法。你以充满了惊奇和热诚的心去听他叙述，你一定会给对方留下最佳的印象，并且他会热情欢迎你，接待你。

在谈论自己的事情时，和人较真或争辩等都是不明智的表现，不利于达到委托他人办事的目的。还有一件最不能做的事，就是在别人面前张扬自己，在不利于自己的行为中，再也没有比张扬自己更愚笨了。

例如，你对别人说："那一次他们的纠纷，如果不是我给他们解决了，不知要闹到怎样。你要知道，他们对任何人都不放在眼里的，不过

◇ 委托他人办事切勿张扬自己 ◇

张扬自己,就会被人看不起,从而轻视你。

> 这份提案根本就没有意义。

1.否决别人的一切意见

抹杀别人所做的一切,交谈就不会愉快,委托他人办事的目的也就不会达成。

> 你已经不需要再向我展示你的奖状了。

2.不乱充内行

坦白承认无知,绝不是耻辱,相反,别人会认为你的话有参考的价值,从而愿意与你继续沟通下去。

> 看,我有这么多防晒霜。

3.不夸耀私生活

例如,炫耀你的生活富有或老向别人说自己的孩子了不起,这些都容易让人反感,从而阻碍办事的成功率。

当着我面，就不敢妄动了。"即使这次的纠纷的确因为你的排解而得到解决，可是如果你只说一句，"当时我恰巧在场，就替他们排解了"的话，不是更使人敬佩？这一件值得称赞的事情被人发觉之后，人们自然会崇敬你，但如果你自己夸张地叙述出来，所得到的效果恰恰相反，人们会认为你在自吹自擂，大家听了你的自我夸奖，反而会轻视你。

一句自我夸奖的话，是一粒霉臭的种子，它是由你的口里播种在别人的心里，从而在他的心中滋长出憎恶的芽。

爱自我夸大的人，是找不到好朋友的，因为他自视甚高，鄙视一切，不大理会别人的意见，只会自己吹牛。他一心只想找那些奉承和听从他的朋友。他常自以为是最有本领的人，如果他做生意，他觉得没有人比得上他；如果他是艺术家，他就觉得自己是一代大师；要是他在政治舞台上活动，他会觉得只有他自己是救世主。面子是别人给的，脸是自己丢的。你自己若是具有真实本领，那些赞美的话应该出自别人的口，自吹自擂，其结果是使自己丢脸面。

凡是有修养的人，必定不会随便谈及自己，更不会夸大自己，他自己很明白，个人的事业行为在旁人看来是清清楚楚的，没必要自己去说，人们自会清楚。

有的人专门喜欢表示自己与别人意见不同。如果你说这是黑的，他就硬说这是白的；如果下一次你说这是白的，他就反过来说这是黑的。这种处处故意表示自己与别人看法不同的人，和处处随声附和的人，一样都是不自信的，会被人看不起，甚至被人们所憎恶，他也不会是你忠实的朋友。试想一下，谁会为这样的人办事呢？

委托他人帮助时动之以情

当我们有求于人时，如果别人用一般理由来搪塞拒绝，我们往往会发现对方其实没有经过深思熟虑，只是因为一些细小的原因而做出了拒绝的决定。如果我们能帮助对方分析现状，用真情打动对方，对方一般会欣然相助。

20世纪80年代初，引滦入津工程正在加紧进行。担负隧洞施工任务的部队因炸药供应不上，可能停工或延误工期。部队领导心急如焚，派李连长带车到东北某化工厂求援。李连长昼夜兼程千余里赶到该厂供销科，可是得到的答复只有一句话："现在没货！"

他找厂长，厂长很忙，没时间听他陈述，他就跟进跟出，有机会就讲几句，但厂长不为所动，冷冷地说："眼下没货，我也无能为力。"但厂长还是给他倒了杯茶水劝他另想办法。

李连长并不死心，他喝了口茶，说："这水真甜啊！天津人可是苦啊，喝的是从海河槽里、各洼淀中淘的苦水，不用放茶就是黄的。"他瞥见厂长戴的是天津产的手表，就接着说："您戴的也是天津表！听说现在全国每10块表中就有1块是天津的，每10台拖拉机中就有1台是天津的，每4个人里就有1个人用的是天津的碱。您是办工业的行家，最懂得水与工业的关系。引滦入津，解燃眉之急啊！没有炸药，工程就得延期。"厂长一听，颇受触动，问："你是天津人？""不，我是河南人，也许通水时，我也喝不上那滦河水！"厂长彻底折服了。他抓起电话下达命令："全厂加班3天！"3天后，李连长带着一卡车炸药返程了。

在委托他人办事的时候，能跳出自己的狭小圈子，而从对方内心深处的角度去说话，更容易引起对方的共鸣，从而答应你的请求。

美国经济大萧条时期，有一位17岁的姑娘好不容易才找到一份在高级珠宝店当售货员的工作。在圣诞节的前一天，店里来了一位30岁左右的贫民顾客，衣衫褴褛，面黄肌瘦，他用一种不可企及的目光盯着那些高级首饰。

姑娘要去接电话，一不小心，把一个碟子碰翻，6枚精美绝伦的金戒指落到地上，她慌忙捡起其中的5枚，但第6枚怎么也找不着。这时，她看到那个30岁左右的男子正向门口走去，顿时，她知道了戒指在哪儿。当男子的手将要触及门柄时，姑娘柔声叫道："对不起，先生！"那男子转过身来，两人相视无言，足足有1分钟。

"什么事？"他问，脸上的肌肉在抽搐。

姑娘一时竟不知说些什么。

"什么事？"他再次问道。

"先生，这是我的第一份工作，现在找个事儿做很难，是不是？"姑娘神色黯然地说。

男子长久地审视着她，终于，一丝柔和的微笑浮现在他脸上。

"是的，的确如此。"他回答，"但是我能肯定，你在这里会干得不错。"

停了一下，他向前一步，把手伸给她："我可以为您祝福吗？"

他转过身，慢慢走向门口。

姑娘目送着他的身影消失在门外，转身走向柜台，把手中握着的第6枚金戒指放回了原处。

这位姑娘成功地要回了男子偷拾的第6枚金戒指，关键是在尊重、谅解对方的前提下，以"同是天涯沦落人"凄苦的言语博得对方的真切同情。对方虽是贫民，但此时握有打破她饭碗的金戒指，极有可能使她也沦为贫民。因此，"这是我的第一份工作，现在找个事儿做很难"，这句真诚朴实的表白，却饱含着惧怕失去工作的痛苦之情，也饱含着恳请对方怜悯的求助之意，终于感动了对方。对方也巧妙地交还了戒指。

试想，如果姑娘怒骂，甚至叫来警察，也可能找回戒指，但姑娘的"饭碗"还保得住吗？

打蛇打七寸，说话说到心

高尔基的《在人间》里有一个两家店铺同时推销圣像的情节：

一家店铺的小学徒没有什么经验，只是向人们说："……各种都有，请随便看看。圣像价钱贵贱都有，货色地道，颜色多样，要订做也可以，各种圣人圣母都可以画……"尽管这个小学徒喊得声嘶力竭，可仍很少有人问津。

另一家店铺的广告则不同："我们的买卖不比卖羊皮靴子，我们是替上帝当差，这比金银还宝贵，当然是没有任何价钱的……"结果，许多人都情不自禁地被吸引了过来。

相同的意思，为什么会有截然相反的效果呢？原因就在于前者用语冗长，平淡刻板，而后者则将自己说成是"替上帝当差"的，用心独到，言简意赅。

在委托他人办事时，要说服别人帮助自己，就要把话说到对方心窝里，攻克对方的心理防线，消除对方由于对你的诚意表示怀疑而产生的戒备。否则这道防线将像一堵墙，使你的话说不到他的心里去，甚至产生反感。

在一定的条件下，每个人都会产生某种危机感，这种意识使他心生恐惧，并由此激发出强烈的要求上进的愿望。如果你能把握住他的这种危机感，就能有针对性地采用相应的对策。

在与人交流中，如果你能洞悉他的内心，巧妙地刺激对方的痛点，使他内心的想法完全暴露出来，就能找到他的危机感。这个危机感就是你说服他的一把利器。

◇ 善于突破心理防线 ◇

善于突破对方的心理防线，就可以争取对方的理解和支持，为自己赢得助力。那么，怎样说话才能突破对方的心理防线呢？

> 我家西瓜好吃，大家都在这里买。

1.利用同步心理说话

利用一般人盲目和附和心理，巧妙地劝服对方，达到自己的目的。

> 越不让我买我越买，绝对有利润。

2.利用叛逆心理说话

利用对方的叛逆心理，将被禁止的欲望表现得越强烈，对方的抗拒心理就会越大。

> 住手，你别忘了我们的共同敌人是他。

3.利用共同敌人说话

出现了强大的共同敌人时，即使是敌对的两方，也有可能成为合作的对象。

Part 2
谈判的说话艺术（抓主放次）

投石问路巧试探

投石问路是谈判中一种常用的策略。作为买家，由此可以得到卖家很少主动提供的资料，从而来分析商品的成本、价格等情况，以便做出自己的抉择。

投石问路是谈判过程中的一种试探，它在谈判中常常借助提问的方式，来摸索、了解对方的意图及某些实际情况。

作为买家，在讨价还价时，你可以提出下列问题：

"假如我们和你们签订半年的合同，或者更长时间呢？"

"假如我们减少保证，你有何想法？"

"假如我们自己提供材料呢？"

"假如我们要求改变产品的规格呢？"

"假如我们采取分期付款的方式呢？"

当你想取得对方的情报、获取所需要的信息时，可以提出下列问题：

"请问，这批货物的出厂价是多少？"

"请问，提货地点在哪里？"

"究竟什么时候才能到货？"

当你想引起对方的注意，并引导他的谈话方向时，可以这样提出问题：

"您能否说明一下，这种类型的商品修理方法？"

"如果我们大批订货,你们公司能不能充分供应?"

"您有没有想过要增加生产,扩大一些交易额?"

当你希望对方做出结论时,可以这样提问:

"您想订多少货?"

"您对这种样式感到满意吗?"

"这个问题已完全解决了,我们可以签订协议了吧?"

当你想表达己方的某种情绪或思想时,可使用这类问话:

"我们的价格如此低廉,您一定会感到吃惊吧(表达炫耀的情绪)?"

"您是否调查过本公司的财务状况和信用(表达自信和自豪的情绪)?"

"对于刚才那个建议,您认为如何(引起他人注意,为他人思考指引方向)?"

总之,每一个提问都是一粒探路的"石子"。你可以通过对产品质量、购买数量、付款方式、交货时间等问题来了解对方的虚实。同时,不断地投石问路还能使对方穷于应付。如果卖方拒绝买方的提问一般是很不礼貌的。

面对这种连珠炮式的提问,许多卖主不但难以主动出击,而且宁愿适当降低价格,也不愿疲于回答询问。

取得谈判胜利的9种方法

谈判,是一种过程,也是一种较量,是谋略的较量,也是口才的较量,不具备一流的口才,是无法进入实际的谈判过程的。学好谈判的各种口才技巧,将使你出奇制胜,达成双赢。

1.虚张声势

为了让对方产生一种立刻购买的欲望,在推销产品的谈判过程中,可恰当地给对方造成一点儿悬念，让他有点儿紧迫感，产生"现在是购买的最佳时机，否则将会错过很好的机会"的感觉，促使他立即与你成交。

比如你可以这样说："这种商品的原材料已经准备提价了，所以这种商品也将会因此而价格上涨的。"

或者说："我公司从下个季度起可能会因人手不够而减少这种商品的供应量。"

这种方法就是积极主动地去刺激顾客，调动顾客的购买欲，这在推销过程中是很重要的。如果你只是一味等待顾客来与你洽谈，让主动权掌握在顾客手中，你的推销谈判将不会成功。

2.制造优势

谈判中双方在条件、地位等方面的优势，对最后的成交是起决定作用的。但是，谈判是一个动态系统，各项条件是可以变化的。在总体不利的时候，可以采用一些策略来制造自己的优势。有些人在谈判中刚毅果断、不苟言笑；有些人更愿意谦恭节制、平心静气。无论哪种谈判风格，都是外在的表现形式，无法影响买家的立场。取得谈判的优势不在于你的言谈举止，关键是你能否改变双方心理优势的对比。

谈判双方存在着客观的差距。在一条产业链中，生产企业会在很多方面受制，比如彩电企业的产品价格受显像管企业的影响，当年四川长虹囤积彩管，其目的就是要建立客观的比较竞争优势；影碟机企业被几家掌握核心技术的芯片公司制约，每台机器将被索取一定的专利费。这些现实条件是无法改变的，你唯一能够改变的是双方的心理。在很多时候，谈判者心里的感觉或印象要比客观现实更具影响力和说服力。

如果谈判仅仅停留在客观条件的层面上，那就不再需要研究什么技巧了。谈判的优势存在于每个人的心智中，如果你能建立起对方的心理优势，能够改变对方的立场，那么你就能谈成一笔出色的交易，无论你是买方还是卖方。

谈判桌上永远是虚虚实实、真真假假的，信息的掌握也各有不同，买方会用尽各种办法让你相信他们比你更有优势。最常使用并且效果最佳的方法就是拿竞争对手来压你，他们会在事前对竞争者进行充分的调查，谈判时突然拿出数十张数据资料使你信以为真，这一招屡试不爽，缺乏经验的谈判者会立刻手足无措，顷刻间失去了所有的优势。通常在这种场景中，心理素质决定着谈判的优势。首先我们要明确一点，买家需要与你做交易，否则他们可以直接同竞争者合作，何必再浪费时间和精力与你讨价还价。既然各有所需，就不要被竞争者的报价所迷惑，坚定你的谈判立场，不要轻易做出让步。

3.逆向思维

在商务谈判中，如突遇紧急情况百思不得其解时，可以从反向角度即倒过来想想看，有时能取得意想不到的效果。

美国谈判家杰勒德·尼伦伯格曾与他的合伙人前去参加某家飞机制造厂的拍卖，该工厂属于政府所有，总务管理局决定，拍卖时谁开价最高就卖给谁。合伙人弗莱德和尼伦伯格商定，在充分估算其资产价值的基础上决定出价37.5万美元买进。竞价开始后，尼伦伯格开价10万美元，紧接着就有人加到12.5万美元，待尼伦伯格叫到15万美元时，有人加到22.5万美元。这时，弗莱德不再应叫，拉着尼伦伯格离开了拍卖现场。尼伦伯格大感不解。

在场外，弗莱德解释说，他读了出售通告，按照此次拍卖规则，如果政府认为出价不够高，就将拒绝出售。他们的出价在投标者中位居第二，所以拍卖人一定会来和他们联系，告诉他们，那个22.5万美元的报价已被否决，问他们是否愿意再报一个价。到那时，他们就可以出个较高的价，同时要求政府做出一定的让步，比如要求政府同意以抵押方式支付一部分价款等。

弗莱德的估计一点儿不错，在不到一周的时间里，上述几件事情都一一发生了。这就是弗莱德逆向思维的效应。

如果他们一味地在拍卖场上与竞争对手较量，很可能突破预订的37.5万美元的最高报价，从而失去收购的机会。而采取逆向思维的做法，不仅控制了价格，还成功地收购了该厂。

4.装聋作哑

戴尔·卡耐基指出，在谈判中，正确的答复未必是最好的答复。应答的艺术，在于知道什么应该说，什么不应该说。对有些问题不值得答复的，可以表示无可奉告，或置之不理，或转换话题；对有些问题需要回答整个过程的，倒不如只回答问题的一部分更有利；对有些问题不能做正面回答的，可以采取答非所问的回避方法。这类应答方式，称之为躲避式应答。

谈判中，回答对方的问题之前，要让自己获得充分思考的时间，期间可以请对方澄清他所提出的问题。例如：

"请您把这个问题再说一次。"

"我不十分了解您的意思。"

也可以借"记不太清楚了""资料不够完备""我们对这个问题尚未做认真的考虑"等话，来拖延答复的时间。

还可以往领导或权威人物那里推托，或者让自己的助手做一些无关紧要的、非实质性的答复。总之宁可装聋作哑，大智若愚，也不能自作聪明，给人抓住把柄。

运用"装聋作哑"谈判技巧，常用的词语有：

"这个问题嘛，要看情况而定。"

"对于这件事情,我没有直接经手,但我听说是这样的。"

"结论先不忙下,还是让我们谈谈事情的经过吧。"

"在我回答这个问题之前,请先了解一下事情的来龙去脉,那是开始于……"

"那不是'是'或'否'的问题,而是程度上的多少问题。"

"这是一个一般性的问题,通常的处理方法是……"

"你应当知道,事情绝非这一个原因,还有许多因素能导致这种后果,比方说……"

"我不想谈论这个问题,但是……"

"我不想谈论这个问题,因为……"

"这是一个专门性的问题,让我们下次再专门讨论吧!"

"请把这个问题分成几个部分来说。"

5.刨根问底

面对回避和含糊不清的问题,多问些为什么。

作为一个精明的卖主,必须能够寻找出对方可以妥协和让步的地方。对方在哪些方面躲躲闪闪,哪些地方避而不谈,便可以此为突破口,击中对方的要害。这时你需要有穷追不舍的精神,打破砂锅问到底,最好的方式是多问"为什么"。

如果对方继续解释,就可以抓住他的要害,从而解决问题。

同时,聪明的买主,也会经常提出一些含糊不清的问题,这问题也是可以做多种解释的问题,目的是套出对方的话。

针对这些问题,在你没有了解对方的意图或问题本身的含义之前,千万不要轻易回答,更不要做正面回答,你最好回答一些非常概括、有关原则的问题。轻易地将自己一方的真实情况毫无保留地泄露给对方是极不明智的。

6.有的放矢

有的放矢是谈判语言表达针对性原则的实际应用。然而,面对着不同的谈判对象,谈判者要真正能娴熟、有效地运用却并非易事。要知道,纸上谈兵终不如人们在谈判实践中的体会来得真切与深刻。谈判语言表达的方法与技巧更需要人们在谈判实践的过程中进一步去总结、思考、提高。

我们以话剧《陈毅市长》中陈毅与原国民党的上海代理市长、化学家齐仰之的一场成功对话来进行分析。

剧中的齐仰之,因被国民党搞得心灰意冷,便闭门谢客,并规定了"闲谈不得超过3分钟"的禁令。身为共产党新任市长的陈毅,为动员这位试图与世隔绝的老化学家参加新中国的建设,下了很大的决心并费了不少周折才敲开齐仰之的家门。

陈毅:"齐仰之先生虽是海内外闻名的化学家,可是对有一门化学,齐先生也许一窍不通!"

对于齐仰之来说,他所关心的莫过于化学了,现在听说还有一门化学自己一窍不通,便要问个明白,他自己先解除了禁令。

齐仰之:"今日可以破此一例,请陈市长尽情尽意言之。"

当陈毅向他说明了共产党的"化学"之后——

齐仰之:"这种化学,与我何干,不知亦不为耻!"

陈毅:"先生之言差矣!孟子说:'大而化谓之圣。'社会若不起革命变化,实验室里也无法进行化学变化。齐先生自己也说嘛,致力于化学40余年,而建树不多,啥子道理哟?齐先生从海外学成归国,雄心勃勃,一心想振兴中国的医药工业,可是国民党政府腐败无能,毫不重视。齐先生奔走呼吁,尽遭冷遇,以致心灰意冷,躲进书斋,闭门研究

◇ 谈判中的拒绝技巧 ◇

商务谈判中，讨价还价是难免的。高明的拒绝否定应审时度势，随机应变，让双方都有回旋的余地，使双方达到成交的目的。

> 很抱歉，这个报价超出了我们公司的承受能力。

1.移花接木法

谈判中，无法满足对方条件时，可设计无法跨越的障碍，既表达了拒绝，又能得到谅解。

> 我同意。虽然我们的品牌不是很知名，可面市以来产销两旺，有些地方竟然脱销了。

2.肯定形式，否定实质

从对方意见中找出彼此同意的非实质性内容，予以肯定，产生共鸣，借机表达不同看法。

> 这样吧，价格不能再优惠了，我们再附赠一些电池，同时可以零售。

3.迂回补偿法

拒绝时，在能力所及的范围内，给予适当的优惠条件或补偿，往往会取得曲径通幽的效果。

学问以自娱，从此不再过问世事。齐先生之所以英雄无用武之地，岂不是当时腐败的社会造成的吗？"

齐仰之："是啊，归国之后，看到偌大的一个中国，举目皆是外商所开设的药厂、药店，所有药品几乎全靠进口……这真叫我痛心疾首。我也曾找宋子文谈过兴办中国医药工业之事，可他竟说外国药用也用不完，再搞中国药岂不多此一举？我几乎气昏了……"

陈毅："可如今不一样了……如今新中国成立伊始，百废待举，这不正是齐先生实现多年梦想，大有作为之时吗？"

齐仰之："你们真的要办药厂？"

陈毅："人民非常需要！"

齐仰之："希望我也……"

陈毅："否则我怎么会深夜来访？"

此时齐仰之才如梦初醒，承认自己一是"对共产党的革命化学毫无所知"，二是"自己身上还有不少酸性"。

陈毅："我的身上倒有不少碱性，你我碰到一起，不就中和了？"

齐仰之："妙，妙！陈市长真不愧是共产党人的化学家，没想到你的光临使我这个多年不问政治、不问世事的老朽也起了化学变化！"

陈毅："我哪里是什么化学家呀！我只是一个剂，是个催化剂！"

陈毅是行伍出身，又是党的高级干部，一向以坦率耿直著称。为实现说服齐仰之的"谈判目的"，就要克服重重障碍，包括转变自身传统语言表达风格的困难。对此，陈毅确实需要下很大的决心。这场谈判的成功，一是在于陈毅针对齐仰之的职业特点，以"化学"话题作为突破口，使齐先生自动地取消了自己设置的"禁令"；二是陈毅针对齐先生作为传统文人的身份和一生中一再碰壁的经历，在谈论用词上颇为用心。例如陈毅使用了"差矣""才疏学浅""孟子说",以及"碱性""中和""催化剂"等化学名词。这种有的放矢的语言表达技巧,终于使原本拒不见客、心灰意冷的老化学家重新燃起已冷却多年的事业心,投身到新中国建设事业的行列中来。陈毅的"谈判目的"通过运用有的放矢的语言技巧,最终顺利实现。

7.舍小求大

谈判中有一条原则,叫作"统筹计算"。在许多综合性谈判中,议题往往有好几个,具体争论点可能会更多。善于谈判的人不是处处都"以牙还牙",寸步不让,而是做到让少得多,让小得大。谈判中时刻要有全盘的统筹计划,这才是聪明而又高明的谈判家。谈判中有些无关紧要的问题,尽量不要争论。

8.打好外围战

谈判中,面对面之外的外围战相当重要。先外围后内里,先低层后高层,先幕后再公开,在谈判场外找到双方的共同点,可以为场内谈判造就相对优势。谈判中的外围战,是联络感情、沟通信息、影响对手的手段,是对正式谈判的一种补充。

9.限时限量

给优柔寡断的人一个"千万别错过"式的暗示。

"迷惑"是人类心理状态的一种,在人的潜意识里,总认为还会有更好的存在。人的意识深处都藏有相当浓厚的寻求更好的欲望,这种欲望就是造成"迷惑"的主要原因。

妨碍果断行动的潜在心理,往往都是因为"还有"的意识存在。如果在限定的时间内,迫使对方做出决策,他就能够在很短的时间内做出决定。比如在销售谈判中,卖方对正在犹豫不决、无法下决心购买的买方时可以这样说:

"错过今天,明天就要涨价了。"

"如果我方这个星期内收不到货款,这批货就无法为你方保留了。"

"如果你方不能在月底之前给我们订单,我们将无法在下个月交货。"

买方也可以说:

"我方再过半个月之后就无力购买了。"

"我方要在月底前完成全部订货。"

"这是我们的生产计划书,如果你们不能如期完成,我们只好另找门路。"

当然,限定的方式并不只是时间,也可以表现在数量上:

"存货不多,欲购从速。"

"只送给前50名购买者。"

积极突破谈判中的僵局

谈判中有时会出现让人不愉快的僵局,究其原因主要是双方各执己见,互不让步而造成的。参加谈判的人往往是一个公司的代表,或是一个组织的代表,甚至是一个国家的代表。他们的谈判地位决定了他们不能动摇自己的立场,否则会损坏企业、组织、国家的形象,以及个人的信誉与尊严。如果经常变化立场,变化态度,往往会让人觉得你很软弱,没有实力地位。所以,谈判者要力图保持自己的尊严,不要做有损于面子的事,即使要让步,也是在不失面子情况下的让步。

那么,怎么才能做到不失面子呢?一般情况下,要让对方认为,你这个让步是在已经获得某种利益或好处的情况下的让步,而不是被他的强硬态度所征服。同样,如果想要对方让步,也要让对方觉得你有同样的感觉。

谈判中,出现僵局是双方都不愿看到的事情。但谈判时分歧是不可避免的,所以僵局的出现也非偶然。那么一旦出现僵局,我们采用什么方法解决呢?

1.谅解疏导

当谈判出现意见对立的僵局时,双方除了要注意冷静聆听对方对自己观点的阐述外,还要变换自己谈话的角度,善于从对方角度解释你的观点,寻找双方共同的感受。从共同的信念、经验、感受和已取得的合作成果出发,积极、乐观地看待暂时的分歧。这种僵局的出现双方都是有责任的,因此在处理时,不要总是相信只有自己是有道理的,要多站在对方的角度想一想。

2.求同存异

它是指双方在某一问题上争执不下时,提议先议另外一个容易达成一致意见的问题。例如,双方在价格条款上僵持住了,可以把这个问题暂时放下,转而就双方易于沟通的其他问题交换意见。事情常常会这样,当另一些条款的谈判取得了进展以后,如对方在付款方式、技术等方面得到了优惠,再回到价格条款上来讨论时,双方已经从态度、方法上都发生了根本性的转变,谈判中商量的气氛也就浓厚起来。

3.沉默是金

实践证明,沉默是一个十分有利的谈判工具,运用得好,对方会慌乱起来。使用这种战术,事先应做好谋划,在僵局出现时,要能有效地约束自己的反应。虽然沉默不语,但表情却颇有含义。因为有时情况不允许我们多讲,少讲一句也许会使我们更加主动。

4.更换人员

把双方单位的头面人物即领导人,如董事长、总经理、总裁等请出来参加谈判，有时甚至需要请一个中间人，由他来主持双方的谈判。

5.更换场合

如果上面的方法都行不通了，那只有把谈判场合进行变更以改善一下谈判气氛。也就是将会议上的正式谈判变成会外的非正式谈判，如双方打打高尔夫球，举行一下宴会、酒会，在这样的场合下再进行谈判。

6.暂停谈判

谈判一旦陷入僵局，不妨提议休息一下，等休息结束后，双方也许会有一个新的精神面貌，原先处于低潮的，也可以回避过去。之后再提出可以接受的而又能打破僵局的方案，重新开始谈判。

Part 3
尴尬时刻的说话艺术（自嘲自笑）

站在对方的角度说话

每个人都希望在社交中从容不迫，洒脱大度。但是，在现实生活中，我们经常会遇到一些尴尬场面，自己感到不舒服，别人也不自在，结果气氛凝滞。

造成尴尬局面的原因有很多：时间、场合不适合，交往对象不熟悉。当发现尴尬情况出现时，就该想法将其化解掉，但很多人都会认为"说得容易做着难"。

遇到尴尬的境况之所以难以解决，是因为每个人都固执己见，各有各的想法。越坚持自己的想法，就越不容易解决问题。试试站在对方的角度说话，没准会很轻松地解决问题。

有一天，爱默生同他的儿子一起想把一匹小牛赶进牛栏。但他们犯了一个错误，他们只想到从自己的角度去解决问题，即爱默生在后面推小牛，他的儿子在前面拽小牛。但小牛也有自己的主意，它把两只前蹄撑在地上，执拗着不照父子俩的愿望行动。爱尔兰籍女佣见到这种情景，不由得笑着来帮助他们。她刚才在厨房干活，手指头上有盐的味道，于是她像母牛喂奶似的，把有咸味的手指伸进小牛的嘴里，让它吮着走进了牛栏。

动物尚且有自己的主意，更何况人呢？不了解对方的意愿，光想自己认为怎么样就该怎么样，难免会导致谈话的失败。

你如果要劝说一个人去做某件事，在开口之前，最好先问问自己：

"我怎么样才能使他愿意去做这件事呢？"

在这方面，戴尔·卡耐基堪称高手。

卡耐基每季度都要在纽约的某家大旅馆租用大礼堂20个晚上，用以讲授社交训练课程。

有一个季度，卡耐基在准备课程的过程中，忽然接到通知，房主要他付比原来多3倍的租金。而得到这个消息之前，训练班学员的入场券已经印好，而且早已发出去了，其他准备开课的事宜也都已办妥。

很自然，卡耐基要去交涉。怎样才能交涉成功呢？两天以后，卡耐基去找了经理。

"我接到你们的通知时，有点儿震惊。"卡耐基说，"不过这不怪你。假如我处在你的位置，或许也会写出同样的通知。你是这家旅馆的经理，你的责任是让旅馆尽可能地多盈利。你不这么做的话，你的经理职位难以保住，也不应该保得住。假如你坚持要增加租金，那么让我们来分析一下，这样对你有利还是不利。"

"先讲有利的一面。"卡耐基说，"大礼堂不出租给讲课的而是出租给举办舞会、晚会的，那你可以获大利了。因为举行这一类活动的时间不长，他们能一次付出很高的租金，比我这租金当然要多得多。租给我，显然你吃大亏了。"

"现在，来考虑一下不利的一面。首先，你增加了我的租金，实际却是降低了收入。因为这等于你把我撵跑了。由于我付不起你所要的租金，我势必再找别的地方举办训练班。"

"还有一件对你不利的事实。这个训练班将吸引成千上万的有文化、受过教育的中上层管理人员到你的旅馆来听课，对你来说，这难道不是起了不花钱的活广告作用了吗？事实上，假如你花5000美元在报纸上登广告，你也不可能邀请到这么多人到你的旅馆来参观。可我的训练班给你邀请来了，这难道不合算吗？"

讲完后，卡耐基告辞了："请仔细考虑后再答复我。"当然，最后经理让步了。

在卡耐基获得成功的过程中，没有谈到一句关于他要什么的话，他是站在对方的角度想问题的。

不妨想想另一种情形，如果卡耐基气势汹汹地跑进经理办公室，提高嗓门叫道："你这是什么意思？你知道我把入场券印好了，而且都已发出，开课的准备也已全部就绪了，你却要增加3倍的租金，你不是存心整人吗？！3倍，好大的口气！我才不付哩！"

那该又是怎样的局面呢？你会想象得到争吵的必然结果：即使卡耐基能够辩得过旅馆经理，对方的自尊心也很难使他认错而收回原意。

调侃一下自己

由于我们的过失，造成了谈话中间出现了难堪的情形，这时我们不要责备他人，还是找找自己的责任，采用自我调侃的方式低调退出吧。

10多年没见的老同学聚会，因为大家都是好朋友，所以说起话来更是直来直去。有一位男同学打趣地问一位女同学说："听说你的先生是大老板，什么时候请我们到大酒店吃一顿。"他的话刚说完，这位女同学有点儿不安起来。原来这位女同学的丈夫前不久因发生意外去世了，但这位开玩笑的男同学并不知道，因而玩笑开过了。旁边的一位同学暗示他不要说了，谁知这位男同学偏要说，旁边的那位同学只得告诉他真实的情况，这位男同学可谓无地自容，非常尴尬。

不过他迅速回过神，先是在自己脸上打了一下，之后调侃地说："你看我这嘴，几十年过去了，还和当学生时一样没有把门的，不知高低深浅，只知道胡说八道。该打嘴！该打嘴！"女同学见状，虽有说不出的苦涩，但仍大度地原谅了老同学的唐突，苦笑着说："不知者不为怪，事情过去了，现在可以不提它了。"男同学忙转换话题，从尴尬中解脱出来。

当我们处于类似的由于我们自己的原因，造成不好下台的局面时，最好的办法就是：不要死要面子活受罪，可以采用自我调侃的办法，真诚一些。像上面的那位男同学，表达了自己真诚的歉意，而对方也不会喋喋不休地责备我们，相反还会因为我们的真诚一笑而置之。

1915年，丘吉尔还是英国的海军大臣。不知他是心血来潮，还是什么原因，突然要学开飞机。于是，他命令海军航空兵的那些特级飞行员教他开飞机，军官们只好遵命。

丘吉尔还真有股韧劲，刻苦用功，拼命学习，把全部的业余时间都搭上了，负责训练他的军官都快累坏了。丘吉尔虽称得上是杰出的政治家，但操纵战斗机跟政治是没什么必然联系的。也可能是隔行如隔山吧，总之，丘吉尔虽然刻苦用功，但就是对那么多的仪表搞不明白。

有一次，在飞行途中，天气突然变坏，一段16英里（约26千米）的航程竟然花了3个小时才抵达目的地。着陆后，丘吉尔刚从机舱里跳出来，那架飞机竟然再次腾空，一头撞到海里去了。旁边的军官们都吓得怔在那里，一动不动。

原来，匆忙之中的丘吉尔忘了操作规程，在慌乱之中又把引擎发动起来了。望着眼前这一切，丘吉尔也不知所措，好在他并没有惊慌，装作茫然不知似的，自我解嘲道："怎么搞的，这架飞机这么不够意思。刚刚离开我，就又急着去和大海约会了。"

一句话，既缓解了紧张的气氛，也让丘吉尔摆脱了尴尬。

在有些尴尬的场合，运用自嘲能使自尊心受到保护，而且还能体现出说话者宽广大度的胸怀。

丘吉尔有个习惯，一天之中无论什么时候只要一停止工作，他就爬进热气腾腾的浴缸中去泡一泡，然后就光着身子在浴室里来回地踱步，一边思考问题，一边让身体放松放松，有时甚至会入迷。

有一次，丘吉尔率领英国代表团到美国去进行国事访问，他们受到了热情的款待。为了方便两国领导人的交流、沟通，组织者专门让丘吉尔下榻在白宫，与美国总统罗斯福做近距离接触。

一天，丘吉尔像往常一样泡在浴缸里，尔后光着身子在浴室里踱步。当时，世界反法西斯战争进行得如火如荼。丘吉尔在思考着战场上的形势，以及如何同美国联手对付德国法西斯。想着想着，他已经忘了自己在什么地方，而且还是光着身子。

碰巧，这时罗斯福有事来找丘吉尔，发现屋里没人。罗斯福刚欲离去，听见浴室里有水响，便过来敲浴室的门。

丘吉尔正在聚精会神地考虑问题，听见有人敲门，本能地说了一句："进来吧，进来吧。"

门打开了，美国总统罗斯福出现在门口。罗斯福看到丘吉尔一丝不挂，十分地尴尬，进也不是，退也不是，索性一言不发地站在门口。此时，丘吉尔也清醒了。他看了看自己，又看了看罗斯福，急中生智地说道："进来吧！总统先生。大不列颠的首相是没有什么东西可对美国总统隐瞒的！"说罢，这两位世界知名人物都不约而同地哈哈大笑起来。

尴尬场合，运用自嘲可以平添许多风采。当然，自嘲要避免采取玩世不恭的态度。具有积极因素的自嘲包含着自嘲者强烈的自尊、自爱。自嘲实质上是当事人采取的一种貌似消极、实为积极的促使交谈向好的方向转化的手段。

装作不知道，说得更奇妙

我们在不同的场合下都会遭遇尴尬情形。尴尬的表现形式不一样，应对方式当然也有差别。用语言应对的一种很好的方式，就是佯装不知，故说"痴"话，好像这种尴尬从来没发生过一样。

有一则流传很广的笑话：

一家星级宾馆招聘男性客房服务人员，经理给应聘者出了这样一道题：

"假如你无意间把房间推开，看见一位女客在沐浴，而她也看见你了，这时候你该怎么办？"

第一位答："说声'对不起'，就关门退出。"

第二位答："说声'对不起，小姐'，就关门退出。"

第三位答："说声'对不起，先生'，就关门退出。"

结果第三位应聘者被录取了。为什么呢？前两位的回答都让客人有了解不开的尴尬心结，唯有第三位的回答很巧妙。他妙就妙在假装没看清，故作痴呆，既保全了客人的面子，又使双方摆脱了尴尬。

一位新到学校实习的老师在黑板上刚写下几个字，学生中突然有人叫起来："新老师的字比我们童老师的字好看！"

真是语惊四座，幼稚的学生哪能想到：此时在教室后排坐着的班主任童老师该多么难堪！对这位实习生来说，初上岗位，就碰到这般让人难堪的场面，的确让人头疼：如果处理不当，以后怎样同这位班主任在一起相处呢？怎么办？转过身来谦虚几句，行吗？不行！把学生教训几句？更不行！这位实习生灵机一动，装作没有听到，继续写了几个字，头也不回地说:"不安安静静地看课文,是谁在下边大声喧哗!"此语一出,后座童老师紧张尴尬的神情,顿时轻松了许多。

这里这位实习老师就是巧妙运用了"佯装不知"、故说"痴"话的技巧,避实就虚,避开"称赞"这一实体,装作没有听清楚,而攻击"喧哗"这一虚像。既巧妙地告诉班主任"我根本没有听到",又打击了那位学生无心的称赞兴致,避免了学生误以为老师没有听见而重复的可能,以致再次造成尴尬局面的发生。

尚美在一次聚会上第一次穿高跟鞋和超短裙,还化了妆。朋友们见到她这样的打扮,一片惊呼,她自然而然地成了聚会的焦点。但是年轻人聚会的一项必不可少的活动就是蹦迪。高跟鞋和超短裙肯定是不利于蹦迪的,何况尚美还是第一回穿呢。开始她不愿意下舞池,后来在朋友们的劝说之下勉强蹦了一会儿,谁知就出了问题,一个鞋跟折了,短裙也不小心撑裂了。她只好装作没事一样,一瘸一拐地回到了座位上。

一个女孩看见了,忙跑过来问她怎么回事,她回答说脚扭了。女孩关心地弯下腰去看。

"啊,你的鞋跟断了呀。真是的,怎么这么倒霉啊。哇,你的裙子怎么也裂了。好了,别介意,大家都是朋友,谁都不会笑话你的,我也会给你保密的。你就在这儿坐着好了,待会儿结束了我陪你回家。"说着又下了舞池,留尚美沮丧地坐在那里。

一曲终了,大家都下场来,一个男孩过来坐到了尚美对面,尚美脸上红一阵白一阵,生怕被他发现了,赶忙说脚有点儿不舒服,说着就把没有断跟的右脚伸到了前面。男孩并不看她的"伤势",只是叫了两杯饮料,说:"蹦迪很累吧,你平时看起来挺文弱的,一定小心啊。这种激烈运动连我都浑身湿透了,你肯定更累了。以后多锻炼锻炼,再穿上今天这么漂亮的衣服,那效果肯定超棒!"

两个人聊了半天,男孩始终没有提起她的"伤"。其实他早就看到是怎么回事了,为了不让尚美尴尬,他装作不知道,这让尚美长长地舒了一口气。

往往有这样的人,他们知道别人出了洋相,就主动地去安慰人家,还自以为别人会非常喜欢这种方式,会用感激的目光看着他。其实别人最希望的,还是你不知道他出了洋相,没有嘲讽,也没有安慰。

Part 4
宴会应酬的说话艺术（会接话、会起话）

借助美酒良言促进感情

好酒的人，很容易在酒桌上交到朋友，他们碰到一起，总是容易惺惺相惜，几杯酒下肚后，便会说相见恨晚，觉得与对方特投缘，朋友就这样交下了。

俗话说无酒不言商，许多大生意都在酒桌上搞定。生意场上有不少人借着酒精的刺激来促进彼此的往来，在我们周围也不乏原来滴酒不沾的人，在工作了几年之后变成了杯中高手。如果在酒席上坚持不喝酒的人，则会引起别人的反感，甚至觉得你不真诚，心眼太多，不可交。

酒是感情的润滑剂，如何使它发挥最有利的功效，就在于自己如何运用。

从古到今都流传着这样一句话："酒逢知己千杯少。"即使现在也是如此，彼此谈得来的人到一块酒一喝，话密了，情自然就浓了。酒杯对酒杯，心口对心口，滚烫的友情便挡也挡不住，友谊也随着酒的绵香而逐渐加深。

尤其是生意人早就已经习惯在酒席间谈生意，好像不喝点儿酒就没办法敞开胸怀说话似的。。

其实，喝酒只是一种形式，真正起作用的还是推杯换盏之间的溢美之词。只要你适当运用自己的口才，就能"喝"出名堂来。

1. 众欢同乐，切忌私语

大多数酒宴上宾客都较多，所以应尽量多谈论一些大部分人能够参与的话题，得到多数人的认同。因为每个人的兴趣爱好、知识面不同，所以话题尽量不要太偏，避免唯我独尊，天南海北，神侃无边，出现跑题现象，而忽略了众人。

特别是不要与邻近的人贴耳小声私语，给别人一种神秘感，这往往会使别人产生"就你俩好"的嫉妒心理，影响酒宴上的气氛。

2.话语得当，诙谐幽默

酒桌上可以显示出一个人的才华、学识修养和交际风度，有时一句诙谐幽默的话语，会给别人留下很深的印象，使人无形中对你产生好感。所以，应该知道什么时候该说什么话，语言得当，并巧妙地运用你的诙谐幽默。

3.敬酒有序，主次分明

敬酒也是一门学问。一般情况下敬酒应以年龄大小、职位高低、宾主身份为序，敬酒前一定要充分考虑好敬酒的顺序，分清主次。即使与不熟悉的人在一起喝酒，也要先打听一下身份或留意别人如何称呼他，做到心中有数，避免出现尴尬的局面或伤了感情。

席上有帮助过你的客人在时，对他自然要倍加恭敬，但是要注意：如果在场有更高身份或年长的客人，则不应只对能帮你忙的人毕恭毕敬，也要先给尊者、长者敬酒，不然会使大家都很难为情。

4.锋芒渐露，稳坐泰山

酒席宴上要看清场合，正确估价自己的实力，不要太冲动，尽量保留一些酒力并注意说话的分寸，既不让别人小看自己，又不要过分地表露自身，选择适当的机会逐渐露出自己的锋芒，才能稳坐泰山，不致让别人产生"就这点儿能力"的想法，从而使大家不敢低估你的实力。

聚会，搞好气氛很重要

无论是在饭店里还是在家里，搞聚会总需要一个牵头组织的人，这就是我们说的"主人"。毫无疑问，为了使聚会顺利、热烈地进行下去，真正达到增进关系、交流感情的目的，聚会的主人负有最大的责任。要想在聚会上营造活跃、热烈的气氛，主人一方面必须找到合适的话题，使大家在杯盏之余能够兴致盎然地畅谈起来，另一方面也必须要恰当地应付好两种人：一种是过分滔滔不绝的人，另一种是沉默或木讷的人。如果主人能在这两个方面下足功夫，那么聚会的气氛就很容易调动起来了。

1.找寻大家熟知的话题

主人要想调动聚会的气氛，防止出现冷场的尴尬局面，寻找到合适的话题是最重要的。所谓合适的话题，也就是能够促使聚会者津津乐道、相谈甚欢的话题，归纳起来有两种：一种是大家熟知的话题，一种是大家关心的话题。显而易见，在聚会中找寻大家熟知的话题有两大好处，一是熟知的话题对每一个人来说都不陌生，每一个人都能够发表几句自己的看法，并且正因为熟悉，所以能够谈得深，谈得透，谈得妙趣横生，很容易把每一个人的兴致都调动起来。二是大家熟知的话题往往牵涉一些共同的体验和经历，因而在谈论过程中容易激发共鸣，拉近彼此的心理距离。

2.找寻大家关心的话题

除大家熟知的话题之外，大家关心的话题也能够迅速调动聚会的气氛。对这类话题大家可能并不十分熟悉，但出于关心还是忍不住说一说，问一问，一个人可能讲不出个所以然来，但大家七嘴八舌就马上热闹起来了，聚会的气氛也随之活跃起来。

什么样的问题才是大家所关心的呢？粗略归纳，不外乎有两种：一种是牵涉大家个人利益的问题，例如对同在一单位的同事来说，工资的涨落、领导的更换、本月是不是要多加班、国庆节是否组织公费旅游，等等，这些都牵涉每个人的切身利益，因而大家都很乐意发表一番自己的见解。另外一种易为大家所关心的话题是那些能够让大家感兴趣的话题，这主要和聚会者的职业、个人爱好有关。例如，几位同事去餐馆聚会，却没什么可聊的，聚会发起者忽然想起几个同事中有三位是钓鱼迷，于是就赶快引出了有关钓鱼的话题，说："我前两天买了一杆海竿，刚用了一次就出了问题，正好向你们几位请教一下。"这一下几位钓鱼迷就来了兴致，先帮助小王解决钓竿的问题，进而又畅谈到了钓鱼的方方面面，最后竟聊起了谁的妻子最会烧鱼。聊到这里，那几个不太喜欢钓鱼的同事也兴致勃勃地加入进来，聚会的气氛变得十分热烈起来。

3.如何对付滔滔不绝的人

在他尚未打开话匣子之前一定要找对话题，以便大家都能参与讨论，而不致让他一个人口若悬河地宣讲大家都不感兴趣的话题。

（1）适当插话或提问，把对方的话题朝大家所希望的地方引导。几位同事聚会，其中一人上了饭桌就大谈足球，而偏偏其他几人都对此不感兴趣。聚会的发起者看到了这种情况，就问这位滔滔不绝的同事："你知道吗？咱们单位郑主任年轻的时候是市足球队的队长呢，后来检查出来患有先天性心脏病，只好退出了球队。提起郑主任的年轻时代，那可真是颇有传奇色彩，其间还有一段惊心动魄的恋情呢，不知你们想不想听？"这样，有关足球的话题就岔开了，大家又都来了兴致。

（2）另起炉灶，孤立对方。在对方滔滔不绝时，你也没有必要非要惊扰，不妨先就大家感兴趣的话题跟身边的一两个人谈起来，然后慢慢扩大范围，直到多数人都开始津津乐道于此话题为止。滔滔不绝者再善谈，没有听众也就没了意思，自然就安静了。

（3）委婉善意地提醒对方。例如，正当对方滔滔不绝之时，你可以端起一杯茶水敬过去，说："讲了这么久，一定口干舌燥了吧，先喝口茶润润喉咙。"在座者忍耐了好久，此时一定免不了开怀大笑，对方也就不得不在窘迫中有所收敛了。

4.如何对付沉默寡言的人

让沉默寡言的人开口说话，要注意以下几点：

（1）探明其兴趣所在，然后将其感兴趣的话题作为大家谈论的话题。这就需要主人耐心地与沉默寡言者进行交流，了解其兴趣所在。一般来说，即使对方再不喜言谈，遇到自己感兴趣的话题也喜欢说几句，特别是当他对某一问题的看法埋藏很深而终于得以发表出来时，他会获得很大的满足感，而这种满足感会促使他继续说下去。

（2）刺激刺激他，然后热忱赞美。例如在大家谈论某一问题时，你可以向一言不发的他发问："这位先生，能请教一下您的高见吗？"对方肯定会很尴尬，但是碍于面子，他不能不说几句。此时你再抓住"几句"中的闪光之处大加赞赏："您的见解太准确了，您能再详细讲一讲吗？"如此，对方的信心受到了鼓舞，也许会就此打开话匣子。

（3）给对方找一个"同道中人"。这是针对那些因教育程度、文化背景迥异而不想发言的人来说的。这些人不一定不健谈，关键是他感到自己无法与身边的人交流，有一种"道不同，不相为谋"的感觉。例如一位农民坐在一群知识分子中间，他就会感觉彼此有隔膜，甚至还有些自卑，因此他就不想发言。遇到这种情况，最好从在座者中介绍一位与他在某些方面有相似性的人，让他们从共同熟知或关心的话题出发聊起来。知识分子似乎与农民没什么相似地方，但没准儿有哪一位与该农

◇ 如何找寻大家熟知的话题 ◇

　　找寻大家熟知的话题其实并不难，关键是要抓住聚会群体的基本特征。这样有助于迅速找寻到大家熟知的话题。

还记得我们宿舍一起逃课的事情吗？

1. 同学聚会

　　大家所熟知的话题自然是昔日学生时代的学校、老师、种种趣事等。

听说二姨家的小狗生了狗宝宝了。

是啊，好几只呢。

2. 家庭聚会

　　家庭内部新近发生或往事的回忆，后者会勾起两代家庭成员的兴趣。

是啊，还不确定几天呢。

听说下周要去外地团建啊。

3. 同事聚会

　　谈谈业务问题，或团建内容。

民是同乡，你给两人介绍一下，也许他们谈谈家乡旧事或家乡新貌等就相谈甚欢了。这样，虽然并不是所有人都找到了共同语言，但至少每个人都有话题可聊，聚会也就不至于冷场了。

5.如何对待言谈木讷的人

首先要有耐心和尊重的态度。千万不要显出急躁、不耐烦的情绪或对人家不屑一顾的表情，你越是这样对方就越着急，越着急他就越说不出话。无论对方说得如何结结巴巴，你都要目视人家的眼睛，耐心、恭敬地听人家说完。

随时准备把话送到对方的嘴边。言谈木讷的人特别突出的一个表现是总找不到合适的用词，因而常常一句话停在半路，再也说不下去。这个时候，你应主动及时地把人家需要的那个词送到他的嘴边，同时做出很受启发的样子。例如，一位言谈木讷者在谈论"角球"问题时卡住了壳："这是、这是……"此时如果你明白他要表达的意思，最好帮他一把。这样，彼此间的交谈也就得以继续下去了。

最好选择一些对方熟悉且表达难度不算大的话题与之交谈，缓和他的心理压力。例如，如果对方是位搞个体养殖的农民，你最好多问问他所养殖的那些东西的情况，别问他一些你认为有趣但却令他很难回答的问题，这样你们之间的谈话就会顺畅多了。

结婚喜宴，祝词要热烈温馨

结婚是人生大事，作为当事人的亲朋好友，受邀去参加婚礼一定要以合适的身份准备好祝福，即使新郎新娘没有委托你讲话，你也可以把准备好的短短的祝福词献给他们，这样无形中你会多了两个朋友，何乐而不为呢？

那么，该怎么说出祝福的话呢？这就要根据情况，不同身份的人，祝词也不尽相同，但不外乎以下几种：

1.作为长辈的祝词

在婚礼当中，作为一个长辈，不能在婚礼上说几句客套的祝词就算了事，他们既是您的晚辈，也是您的亲人，所以您的谆谆教导是最合适的祝词。我们不妨看看以下祝词：

"我是新娘的大伯，在这里我代表她所有的长辈首先祝他们小夫妻生活甜美，白头到老！

婚姻生活就如在大海中航行，风浪、风波总会有的。婚姻是两个个性不同、兴趣不同，本来过两种生活的人去共过一种生活，同吃、同住、同玩。世上哪有口味、习惯、情欲、喜好都完全相同的人呢？所以假定你们不吵架，就一点儿人情味也没有了。

我的侄女，我真诚地告诉你，婚姻生活不是完全沐浴在蜜汁里，你得趁早打破少女时的桃色痴梦，竖起你的脊梁，决心做一个温柔贤惠的妻子，同时还要担负起家庭事务的重担。我的侄郎，或许你不久就会发现别人的太太更加漂亮。要清楚，你的新娘并不是仙女，她只是一个可爱的女子，能帮你度过人生的种种磨难。唯有她，才是你一生可遇不可求的稀世珍宝。所以，你要加倍地爱惜和保护她。

我已经浪费了你们许多宝贵的快乐时光，但我还要说一句长辈的愿望之话：希望你们互相信任，互相扶持，共同走好这美好的人生之路。"

2.作为领导的祝词

当你的下属邀请你参加他们的婚礼时，作为领导，又是在这种喜庆的场合，你应该多说些鼓励、赞扬的话语。如果你确实又有诸如对新郎或新娘提拔、晋升、分房及其他奖励的心愿，不妨在此说出来。这可增加他们的愉快心情，又能烘托出欢快气氛，真可谓锦上添花。下面一起看看这篇祝词：

"我是小韩单位的办公室主任，韩栋自从进入公司后就一直是在我这里工作。我是看着他从年轻走向成熟并日渐老练的，所以我相信他今后会大有前途。他性情憨厚、朴实，乐于助人，很得人缘。公司上上下下都很喜欢他。如今他娶妻成家，这是他的大喜事，也是我们公司的一大喜事，因此，我代表全公司同仁祝他生活甜蜜，新婚快乐！"

3.作为同事及同窗好友时的祝词

作为同事、朋友，和结婚人彼此相知相识，所以祝福的语言自然不会是虚伪的客套。

"今天是秦耀东大喜的日子，说起来耀东和我有很深的缘分，我们不但是同学、同事，还是同宿舍的挚友，因为我们毕业后分到一个单位又在同一宿舍住。

前些天在街上偶然遇见他们，耀东把他的未婚妻介绍给我，当时就觉得他们是天生的一对。后来我们一起去看电影，他们两人低头私语、甜蜜非常，早把电影和我忘得一干二净了。

王小姐，不，秦太太，我要坦诚对你公开耀东的一个坏习惯，那就是晚上爱熬夜，我们同宿舍的人常深受其害。不可否认的，他是位很好的人。假如秦耀东的这一坏习惯能得到改进，你的功劳就非常之大了。

最后祝福两位健康、幸福，并且再说一声恭喜恭喜！"

4.作为一般人员的祝词

也许你和当事人并不相识，但通过亲朋好友的牵线，你帮过他们的忙，出于对你的感激或因你的知名度，礼貌上他们请你说几句，盛情难却，那样欢乐的场面你又不好推辞，所以不得不整理一番思绪，开始你的祝福。

由于你和当事人的关系一般,对于他们细枝末节的事情不大了解,又不便以长者、亲朋好友的身份说些鼓励、亲切的话语,只能说些纯粹祝福的话语,但要力求脱离俗套、与众不同就比较困难一些,因为"祝生活甜蜜,爱情幸福"之类的话语前人已说了很多。你再重复似乎意义不大,因此你可以换一个角度,从当事人选择的结婚日子上着手引申展开你的话题,这样既能显出你的博学多才,又能表达你的美意。

总之,好的祝词不仅能烘托气氛,而且能温暖人心,使人深受鼓舞和启发。

◇ 婚礼祝词贵在巧妙 ◇

好的祝酒词，能使婚礼的气氛更为欢快轻松，同时让新婚夫妻的感情更为融洽密切，达到良好效果。

金秋送爽的好天气里，迎来你们的好日子，男才女貌天作之合的佳境也为这美好的日子增添了一抹亮色。

秋天是收获的季节，预祝你们的生活、事业、子女像秋天一样硕果累累。

1.尽可能表现出文采

适当地引用诗词、典故，能使讲话更有感染力。

2.适时进行联想

联想可以产生出乎意料的好效果，使人产生美好想象，从而达到目的。

Part 5
拒绝他人的说话艺术（指东说西）

说出内心的"不"

在成为外部客观行为之前，说"不"是一种内在主观愿望。首先你会思考如何说"不"，你说服自己为什么及是否应该说"不"。当有大声说出"不"的机会时，你希望自己说"不"。想说"不"的意图和欲望不断增强，直到你想一吐为快。

有些人在心里说"不"："不，我不会让你伤害我。""不，我不能再忍受了。""不，事情不一定如此。"问题在于，即使你的内心决定说"不"，你也不是总能大声说出"不"，并且让别人听到。

为什么这样呢？由于种种原因，你内部的"不"（说"不"的主观愿望）与外部的"不"（大声说出"不"的客观行为）总是不能协调一致。例如，当你不想给别人留下差的印象时，你会说"是"，尽管你想说"不"；当你想要某人喜欢你时，你也会说"是"，尽管你想说"不"；小孩在想要说"不"时说"是"，这样他们就能交到朋友；当你疲倦并且没有足够的精力说"不"时，你会说"是"。如此种种，不胜枚举。

请思考下列关于说"不"的标志、事例和话语。

"谢绝推销。"这是一位邻居贴在门上的标志。贴这些标志的人想告诉人们，他们对什么人说"不"。你对于你将听到的和你将拒之门外的东西有多清楚？

在读大学时，王春霞在一家杂货店兼做熟食柜台的服务员。一个繁

◇ 说出内心的"不" ◇

有些情境下，我们经常无法说"不"，尽管内心中充斥着说"不"的声音。因为现实生活中总是有或多或少的顾虑，究竟该怎样说出内心的"不"呢？

1. 事前思考

停下来思考一下说"不"是不是最合适的回答，如果是，请说"不"。

（是不是应该拒绝呢？）

2. 相信自己

对于不好的事情，人都有自己的直觉，相信自己的判断，敢于说"不"。

（对不起胡总，我还是相信自己的判断，不能接受这份提案。）

3. 找到不愿说"不"的原因

找到自己不愿说"不"的原因，分析它是否来自内心，然后从心而论。

（是的，顺从我的内心。）（决定了？）

忙的午餐时间，柜台的另一边有位顾客一边踱步一边自言自语，声音大到足以让其他顾客听到他的咒骂声。他好像在和全世界的人生气似的，并且告诉每个人他不开心。王春霞的同事必须去厨房的冰箱拿这位顾客要买的东西。当同事离开柜台时，这位顾客的愤怒行为开始针对王春霞及其他的同事。这时其他顾客开始感到惊恐不安，并且从他身旁走开。看到这一切，王春霞心里想："这样不行，我要说说。"尽管王春霞也知道"顾客总是对的"。因此，王春霞直接瞪着那位顾客，清楚、坚定、相当高声地说："先生，她已经去拿你要的东西了。她正尽力满足你的需要并且马上拿来你需要的东西。"王春霞没有大声说出"不，先生，你的行为不可忍受"，但王春霞大声说出的那些话足以对他表明他的行为不可忍受。他顿时安静下来，从拿走他买的东西到离开熟食区，再没多说一句话。

这件事说明，我们能通过有效、清楚、客气的方式说"不"来保护我们自己。

你怎样说"不"

说"不"是一种自我保护，一种反对不公平的立场，一种自由之举。"不"的主人说的"不"就是"不"。他们了解说"不"的结果，并且已经肯定说"不"是最好的、符合道德的事情。

想象你如何说"不"。如果你不能想象自己如何说"不"，那么你几乎没有说"不"的能力。思考你想对谁说"不"，想象一下这个人的模样以及你与他交往的情形。

下列问题决定你将怎样说"不"，而且说到做到。

什么激励你说"不"？

你期望什么？你为什么想说"不"？

你准备应对什么结果？

你的站姿如何，坐姿如何？

你的脸色如何？

你将使用什么语气？

你将怎样应对别人对你说"不"的回答？

你想在什么场合说"不"？

听一听你将怎样说"不"。

现在，请大声说出"不"！如果你发现自己说出"不"时的声音不大而且毫无意义，就请回答下面的问题。这些问题可以帮助你练习如何大声地、有意义地说"不"。

第一，你想每周工作60个小时吗？

第二，你想得到少于你应该得到的报酬吗？

第三，你想吃到撑破肚皮吗？

第四，你想卷入一次致命的车祸吗？

构造真正说"不"的话语

你想要说"不"并不意味着他人能听到你说"不"。你回答的第一个字就要用"不"，然后再说一个支持你的"不"的句子。如果你想造一个意思是"不"的句子，你就要对下列"说'不'的能力模型"问题回答"是"。

目的："不"这个字是否出现在句首？

选择：你是否知道你没有别的选择和办法？

时间：这个句子能够持续多长时间来清楚表明你的"不"的意思？

情绪：你承认你所要说的有效吗？

权利：你考虑过说"不"的权利、责任、可能的对策及结果吗？

◇ 说"不"的艺术 ◇

说"不"是一门艺术,学好它至关重要,这有利于提高我们的工作效率和生活质量。那究竟该怎样艺术地说"不"呢?

> 真是对不起,今晚已有约。

1.委婉地拒绝

委婉说明拒绝的原因。以婉转的态度拒绝,别人会理解你的苦衷。

2.微笑着拒绝

拒绝时面带笑容,态度庄重,让别人感受你的礼貌,使别人欣然接受你的拒绝。

> 这道题我也想不出解题思路,帮不上你了。

> 虽然我帮不上你,老张说不定可以帮助你。

3.有帮助地拒绝

拒绝的同时提供另外一个方法,这样他还是会感激你。

如果你不能对全部5个问题说"是",你就可能使自己处于一个犹豫不决者的立场,而且他人会认为你没有做出决定或者在说"是"。

你还要思考并想象下面的几个问题,以便当你想要说"不"时,你的大脑和身体都能做好准备。其实"不"的主人已经知道如何做了。

1.描述一下当你说"不"时你希望发生的事情。

2.描述一下在你说"不"之后发生的事情。

3.你将怎样放松并有趣地说"不",而不会引起他人的痛苦?

4.确信你说"不"的能力。专注于你所能做的事情,对其余的事情说"不"。

如果你决定"不"是最合适、最好、最安全、最道德的答案,那么就请说"不"。并根据当时的情况,大声地说出你的回答吧。

Part 6
活化人际关系的幽默沟通术（刻意练习）

把拒绝的话说得幽默些

拒绝的话一向不好说，说不好很容易得罪人。因此拒绝他人时，要讲究策略，最重要的一点就是含蓄委婉。而幽默地拒绝正可以巧妙地体现这一点。用幽默的方式拒绝别人，有时可以故作神秘、深沉，然后突然点破，让对方在理解中体谅你。

有一位"妻管严"，被老婆命令周末进行大扫除。正好几个同事约他去钓鱼，他只好回答："其实我是个钓鱼迷，很想去的。可成家以后，周末就经常被没收了啊！"同事们哈哈大笑，也就不再勉强他了。

有时候拒绝的话像是胡搅蛮缠，但因为它是用幽默的方式表达出来的，所以也就在起到拒绝目的的同时，让别人很愉快地接受了。

意大利音乐家罗西尼生于1792年2月29日，因为每4年才有一个闰年，所以等他过第18个生日时，他已72岁了。他说这样可以省去许多麻烦。在过生日的前一天，一些朋友来告诉他，他们集了两万法郎，要为他立一座纪念碑。他听了以后说："浪费钱财！给我这笔钱，我自己站在那里好了！"

罗西尼本不同意朋友们的做法，但他没有正面回绝，而是提出一个不切实际的想法："给我这笔钱，我自己站在那里好了！"含蓄地指出朋友的做法太奢侈，点明其不合理性。

此外，还可以用假设的方法，虚拟出一个可能的结果，从而产生一

◇ 绕着圈拒绝别人 ◇

绕着圈子拒绝别人，是讨人喜欢的一种幽默说话方式，但是这需要建立在巧妙、三言两语就能表达拒绝意见的基础上。

> 大姐，我不吃鱼。

> 听说你喜欢小刘，是真的吗？

1.装聋作哑

对于不想回答的问题，可以装作没听见，糊涂带过。

> 如果你是我的妻子，我会喝掉它。

> 如果我是你妻子的话，我会在咖啡里放橙汁。

2.转移话题

故意曲解问题的方向，说一些无关的话，转移话题。

> 这么巧，我送同事回家，你干什么去？

3.提前作答

在别人提问之前作答，给出答案，避免尴尬局面。

个幽默的后果，而这个后果正好是你拒绝的理由。这样，不仅不会引起不快，反而可能给对方一定的启发。

剧作家萧伯纳的辞爱方式，可以说是辞爱的经典。

有一日，萧伯纳收到舞蹈家邓肯的求爱信，她在信中写道："如果我们结合，有一个孩子，有着和你一样的脑袋，和我一样的身姿，那该多美妙啊！"

萧伯纳看了信后，很委婉而又很幽默地回了她一封信，他在回信中说："依我看那个孩子的命运不一定会那么好，假如他有我这样的身体，你那样的脑袋岂不糟糕了吗？"

邓肯收到信以后，明白了萧伯纳的拒绝之意。她失望地离开了，但她一点儿也不恨萧伯纳，反而成了他最忠实的读者和好朋友。

用诙谐的话加深恋人间的感情

那些有人缘的男人，不管长相如何，都有一套逗人发笑的本领。只要一与这种人接近，就可以立即感受到一股快乐的气息，使人喜欢与他为友。而一个整天板着面孔，不苟言笑的"老古板"，是绝对不会受到女孩子们欢迎的。不少情感心理学研究者认为，男人由于平时比女人话少，所以，男人的语言的分量就更被女人所注意。不少男人也正是利用幽默的手段来填补自己语言的匮乏，所以，他的魅力便永驻于人们对他的幽默的回味之中。

家庭之中夫妻难免争吵，但怨怒之中如果即兴来一两句幽默，往往会使形势急转直下。"夫妻没有隔夜的仇"，更多的时候都是这种豁达的幽默消除了隔阂。

男女朝夕相处，天天锅碗瓢盆，始终举案齐眉、相敬如宾反而是一种不正常的现象，有人戏称之为"冷暴力"。小吵小闹有时反会拉近夫

◇ 二人世界离不开幽默 ◇

两个人相处时间长了，新鲜感会逐渐减弱，这需要一些"催化剂"来让感情再次发酵。而幽默这种人人喜欢的方式，正好可以充当这个角色。

> 如果你多注意饮食，就不会有热胀冷缩的体重了。
>
> 是啊，哈哈！

1.能温和地表达意见

幽默地表达对对方的意见和看法，不仅能达到目的，还不会伤害感情。

> 你再喝酒，我们就分居！你睡外面，我睡卧室！
>
> 在一个房间也可以的，你睡床的左边，我睡右边，如何？

2.能成功地化解矛盾

夫妻之间因小事而产生矛盾时，可以利用幽默来化解冲突、调节氛围。

> 哈哈，你还是做本新华大字典吧。
>
> 我看以后我还是变做一本书吧。这样你就可以整天把我捧在手上了。

3.能巧妙地表达歉意

用幽默表达歉意不仅能让对方感受到诚意，还不显得尴尬。

妻间的距离，同时也使内心的不满得以宣泄，如果再加上幽默、机智的调侃，无疑使夫妻双方得到一次心灵的净化，保证了家庭生活的正常运行。

驾车外出途中，一对夫妻吵了一架，谁都不愿意先开口说话。最后丈夫指着远处农庄中的一头驴说："你和它有亲属关系吗？"妻子答道："是的，夫妻关系。"

妻子："每次我唱歌的时候，你为什么总要到阳台上去？"
丈夫："我是想让大家都知道，不是我在打你。"

新婚之夜，新郎问道："亲爱的，在我之前，你有几个男朋友？"
两人同时陷入沉默。
"生气了？"新郎想，过了片刻又问，"你还在生气？"
"没有，我还在数呢！"

结婚多年，丈夫却时时需要提醒才能记起某些特殊的日子。在结婚35周年纪念日早上，坐在桌前吃早餐的妻子暗示："亲爱的，你意识到我们每天坐的这两把椅子已经用了35年了吗？"丈夫放下报纸盯着妻子说："哦，你想换一把椅子吗？"

亨利的妻子临睡前絮絮叨叨的谈话令他十分不快。一天夜里，妻子又絮叨了一阵后，吻别亨利说："家里的窗门都关上了吗？"亨利回答："亲爱的，除了你的话匣子外，该关的都关了。"

以上五则故事中的夫妻幽默均恰到好处地表达了自己怨而不怒的情

绪。有丈夫对妻子缺点的抗议，也有妻子对丈夫多疑的抗议，但其幽默的答辩均不至于使对方恼羞成怒，妻子用夫妻关系回敬丈夫也是一头驴，用数不完的情人来指责新郎的无端猜忌，丈夫用巧言指责妻子的絮叨，这幽默的话语听上去自然天成，又诙谐动听。这些矛盾同样有可能发生在我们每一个家庭之中，有时却往往因为两三句出言不逊的气话而使矛盾激化。

许多夫妻都有过类似的经历，无谓的争吵随时都会发生，一旦发生又会因愤怒很快失去理智，直至闹得不可开交，甚至拳脚相加。在日常生活中，我们常看到这种情景，在公共场合彬彬有礼的谦谦男子或女士，在家人面前会为一些小事而大动肝火，有时即使是恩爱夫妻也不可避免地争吵，双方似乎都失去了理智，哪壶不开偏提哪壶，专揭对方的痛处、短处解气，唇枪舌剑，互不相让；等到冷静下来，才发觉争吵的内容原来是那样愚蠢、无聊。

总的来说，在两个人的世界里，幽默可以发挥令人意想不到的效果，它可以增进恋人之间的感情，调节气氛，制造亲切感，它还可以消除疲劳和紧张感，使两个人都能够轻松、快乐地面对生活。

生活中不妨多点幽默来做"调节剂"

为了应对人生中大大小小的挑战，你需要力量，不论你是为人父母或是为人子女，是教师或是学生，是售货员或是消费者，是老板或是职员，是上司或是下属，幽默都能赋予你战胜困难的力量。

幽默的力量体现在沟通上，就像我们打开电灯开关，电流便沿着电线输送到机器上一样，只要按下幽默的按钮，也能促使一股特别的力量源源而来。我们可以把这股幽默的力量导向他人，并与他人直接沟通。

有一位年逾80的老先生在接受身体检查时说："医生，你还记得上

◇ 幽默是生活的力量 ◇

幽默不仅可以让我们少些烦恼、多些快乐，还可以给我们的生活带来更多的裨益。

哈哈，这说明您看起来像是一位非常棒的妈妈。这可是女人最宝贵的气质哦。

那不是我的孩子，我还没有结婚。

您的孩子真可爱！

1.润滑人际关系

生活中的一个小幽默可以消除人际误会，润滑人际关系。

2.获得良师益友

幽默在生活中散发出独特的魅力，像一个有魔力的磁场，能帮你吸引志趣相同的良师益友。

你这孩子真幽默，让我度过了愉快的一天，以后常来玩啊。

3.增强自信

幽默更容易让我们忘记不愉快的事情，帮我们迅速重拾信心，从而更加自信地面对人生。

回你说我有一大堆毛病,说我得学会和这些毛病生活在一起,包括我的关节炎、视力减退、重听、高血压吗?"

医生回答说:"相信我吧,你很快就能学会和这些毛病生活在一起的。"

"我知道。"老人也同意,"现在,我在想,您是不是可以再加一项,加上一个20岁的妻子!"

幽默是趣味生活的添加剂,因为生活中存在着幽默,关键是你能不能发现它,并且用幽默的语言来解释它,那样你的生活就会充满乐趣。

法国总统德斯坦从小很顽皮,经常问一些使他父亲难以回答的问题。一次,他考试成绩不佳,得了个倒数第10名,父亲很不满意。德斯坦问父亲道:"1和20,哪一个数值大?"

"自然是20的数值大。"爸爸不假思索地回答。

德斯坦接着问道:"那么我考试列第20名,不是比第1名好吗?你为什么不满意?"

德斯坦的幽默告诉我们这样一个道理:不要强求子女的成绩,因为不可能所有的学生成绩都是100分,有时要"顺其自然",这样"天伦"之间才有"乐"可言。不然就要徒增烦恼了。

Part 7
最自然的赞美方式（自己都信）

如何赞美不被认为是拍马屁

如果今天一大早就有人夸你"衣着得体，非常漂亮，有精神"，那么你一天的学习、工作状态一定很好吧？看来小小的一句恭维话有时起了很大的作用，可以迅速拉近人与人之间的距离，得到别人的喜爱，也可以给他人信心、快乐。

然而生活中一些人偏偏学不会或不屑恰当地去恭维、赞美他人。下级赞美领导，被认为是"拍马屁"；男士赞美女士，被认为"心怀不轨"，这些都是原本不必有的思想。谁都想要得到别人的肯定与赞同，为什么不试着去赞美一下别人呢？

赞美他人，先要选好赞美的话题，不可过分夸张，更不能无中生有。对于青年人，赞美他年轻有为、敢于开拓；对于中年人，赞美他经验丰富、见多识广；对于知识分子，赞美他知识渊博，刻苦钻研；对于商人，赞美他头脑灵活，发财有道。这些都是恰如其分的，如果赞美一位中年妇女活泼可爱、单纯善良，可能就会引起歧义；赞美你的领导发家有方、日进斗金，恐怕你升迁的希望就渺茫了。

晚清李鸿章，位高权重，文武百官都想讨他欢心，以便使他多多提携自己，能升个一官半职，也好光宗耀祖。这一年，李鸿章的夫人要过50大寿，这自然是个送礼的大好时机，寿辰未到，满朝文武早已开始行动了，生怕自己落在别人后面。

消息传到了合肥知县那里，知县也想送礼，因为李鸿章祖籍合肥，

◇ 巧妙赞美有技巧 ◇

赞美别人千万不要用力过度，不然会带来不好的效果。

> 小杨真是厉害，这么复杂的问题轻易地就解决了。

1. 赞美他后天的成绩

先天条件无法改变，但品位与能力是后天形成的，代表了自身的成功。

> 这件衣服上的腰带真是点睛之笔，能散发知性女性的魅力。

2. 夸赞的话要有新意

夸对方应带有自己的看法和见的，不应空洞无物地夸赞。

> 齐总，您的名字应源自如沐春风吧，好名字。

3. 可以先称赞对方名字

先称赞对方名字可以拉近距离，使对方感受到你的友好。

这可是结攀李鸿章的绝好时机。无奈小小的知县囊中羞涩，礼送少了等于没送；送多了吧，又送不起，这下可把知县愁坏了。思来想去拿不定主意，于是请师爷前来商量。

师爷看透了知县的心思，满不在乎地说："这还不好办，交给我了。保准你一两银子也不花，而且送的礼品让中堂大人刮目相看。"

"是吗？快说送什么礼物？"知县大喜过望，笑成了一朵花。

"一副寿联即可。"

"寿联？这，能行吗？"

师爷看到知县还有疑虑，便安慰他："你尽管放心，此事包在我身上。包你从此飞黄腾达。这寿联由我来写，你亲自送去，请中堂大人过目，不能疏忽。"

知县满口答应。

第二天，知县带着师爷写好的对联上路了。他昼夜兼程赶到北京，等到祝寿这一日，知县报了姓名来到李鸿章面前，朝下一跪："卑职合肥知县，前来给夫人祝寿！"

李鸿章命人给他沏茶看座。

知县连忙取出寿联，双手奉上。

李鸿章顺手接过，打开上联：

"三月庚辰之前五十大寿。"

李鸿章心想：这叫什么句子？天下谁人不知我夫人是二月的生日，这"三月庚辰之前"岂不是废话。于是，李鸿章又打开了下联：

"两宫太后以下一品夫人。"

"两宫"指当时的慈安、慈禧，李鸿章见"两宫"字样，不敢怠慢，连忙跪了下来，命家人摆好香案，将此联挂在《麻姑上寿图》的两边。

这副对联深得李鸿章的赏识，自然对合肥知县另眼相待，称赞有加。而这位知县也因此官运亨通了。

一副对联既抬高了李鸿章夫人的地位，同时又做到了不偏不倚，没有盲目哄抬。

要恭维他人，就要善于体察人心，了解对方的迫切需要，有的放矢。比如营业员与顾客在商品质量、价格等方面争执不下时，聪明的营业员这时改换话题，称赞这位顾客真有眼光，这衣服款式是最新的，面料也好，特别畅销。再夸顾客会砍价，自己店里还从没卖过这么低的价钱。顾客听了一定喜欢，不好意思再争下去，说不定很快就买下来了。

人都是有弱点的，再谦虚，再不近人情，再标榜不喜欢听甜言蜜语的人，其实都喜欢别人的恭维，只要恰如其分。

有个笑话，某君是拍马屁的专家，连阎王都知道他的大名。死后阎王见到他，拍案大怒："我最恨你这种马屁精。"马屁精忙叩头回道："虽然世人都爱被拍马屁，阎大王您公正廉明，谁敢拍您的马屁。"阎王听了，连说："对啊对啊，谅你也不敢拍我的马屁。"

原来每个人都是愿意听好听的，只要你恭维得有分寸，不流于谄媚，不伤人格，定会博人欢心。

恭维人的话不能过多，多了对方会不自在，觉得你是虚情假意、逢场作戏，因此而不信任你。恭维过多也不利于交谈，在谈话中频频夸对方"好有能力"，对方频频表示客气，往往使谈话无法顺利进行。

褒扬有度，点到为止

一个气球再漂亮、再鲜艳，吹得太小，也不会好看；吹得太大，则很容易爆炸。赞美就如吹气球，应点到为止，适度为佳。

因此，在赞美他人时一定要坚持适度的原则。夸奖或赞美一个人时，有时候稍微夸张一点儿更能充分地表达自己的赞美之情，别人也会乐意接受。但如果过分夸张，你的赞美就脱离了实际情况，让人感觉到缺乏真诚。因为真诚的赞美往往是比较朴实的、发自内心的。只有讨好才是过分夸张和矫揉造作的。

有一个年轻人给恩格斯写了一封热情洋溢的信，信中称赞恩格斯是一位无与伦比的革命导师、一位伟大的思想家，甚至称其为马克思的再现等，恩格斯并没有因为这封信而有丝毫的感动，反而生气地回信说："我不是什么导师、思想家，我的名字叫恩格斯。"恩格斯作为一位杰出的思想家，他不喜欢别人在赞美他时用近乎夸张的词汇，又因为他和马克思近几十年的友谊，他非常尊敬马克思，当然会忌讳别人称他为"马克思的再现"。

历史上有一位臭名昭著的马屁精冯希乐，他是一个热衷于夸张拍马的人。有一次，他去拜访长林县令，赞叹道："仁风所感，猛兽出境。昨日入县界，见虎狼相尾而去。"刚夸过不久，就有村民来报告："昨夜大虫连食三人！"长林县令很不高兴地责问冯希乐究竟是怎么回事，冯希乐面红耳赤地回答说："是必便道掠食。"冯希乐夸张得脱离了实际情况，无视野兽吃人的本性，信口雌黄，说野兽已被县太爷的仁义教化所感动，所以离县而去，结果是抡起巴掌自己打自己的脸，这就是所说的轻言取辱。

要做到点到为止、褒扬有度是有技巧的。

两个人或两件事相比较，在夸奖对方的同时，也能让他意识到自己的优点和存在的差距，使对方对你的赞美深信不疑。有一次，汉高祖刘邦与韩信谈论诸将才能高下。刘邦问道："你看我能指挥多少兵马？"

◇ 起反作用的赞美 ◇

赞美虽好，也有注意事项，否则就会适得其反，造成不良影响。

您这工作精神绝对是全公司独一无二的。

太假了吧。

1. 绝对化的赞美

毫无遮拦的赞美不仅得不到他人欢心，还会留下难以接受的印象。

我儿江郎是神童。

2. 过分的赞美

不仅对于被赞美者有百害而无一利，还会阻挡被赞美者前进的脚步。

韩信回答："陛下至多能指挥10万兵马。"刘邦又问："那你能指挥多少兵马呢？"韩信自豪地回答："臣多多益善耳。"刘邦笑道："既然你带兵的本领比我大，却为什么被我控制呢？"韩信很诚实地说："陛下不善于指挥兵，但善于驾驭将，这就是我被陛下领导的原因。"刘邦自己也曾说过，统一指挥百万军队，战无不胜，攻无不克，他不如韩信。这是他做了皇帝以后对自己的评价。韩信的赞美，首先肯定了刘邦领导大臣为自己效命的能力，但又指明了他在带兵作战方面与自己相比有不足之处，正与刘邦的自我评价相吻合。话说得很实在、很坦诚，刘邦不但不怒，反而很满意。

金无足赤，人无完人。有所保留的赞美应既要看对方的优点和长处，同时还要看到他的弱点和不足，讲究辩证法。常言道："瑕不掩瑜。"指出对方的缺点和不足，并提出一定的希望，不仅不会损害你赞美的力度，相反，却使你的赞美显得真诚、实在，易于为人接受。尤其是领导称赞下属时，要有一是一，有二是二，把握分寸，要有所保留。可以多用"比较级"，千万慎用"最高级"。领导可以在表扬时，把批评和希望也提出来。

多在背后说他好

世上背后道人闲话的人不少，大家都很清楚，被说之人一旦知道便会火冒三丈，轻则与其绝交，重则找其当面算账。因此，人们都引此为戒，唯恐犯背后说他人闲话的忌讳。但是，背后说人优点，却有佳效。

《红楼梦》中有这么一段描写：史湘云、薛宝钗劝贾宝玉做官为宦，贾宝玉大为反感，对着史湘云和袭人赞美林黛玉说："林姑娘从来没有说过这些混账话！要是她说这些混账话，我早和她生分了。"

凑巧这时林黛玉正来到窗外，无意中听见贾宝玉说自己的好话，

◇ 背后夸人，更入人心 ◇

背后说别人的好话，比当面恭维别人或说别人的好话，效果要好得多。不用担心，我们在背后说他人的好话，很容易就会传到对方耳朵里去的。

老陈经常夸你有领导能力，值得信任。

1.更可信

在日常生活中，背着他人赞美往往比当面赞美更让人觉得可信。

感谢林总这一年来对我的赞扬和照顾，我敬您，有事您就说句话。

2.更真诚

当好话在背后说时，别人会认为我们是真诚真心的，人家才会领情并感激我们。

相比小张那个马屁精来说，还是小李更值得人信赖。

3.更安全

正面的歌功颂德所产生的效果是很小的，甚至还有可能起到反作用。

"不觉又惊又喜,又悲又叹"。随后宝黛两人互诉肺腑,感情大增。

在林黛玉看来,宝玉在湘云、宝钗、自己三人中只赞美自己,而且不知道自己会听到,这种好话就不但是难得的,还是无意的。倘若宝玉当着黛玉的面说这番话,好猜疑、使小性子的林黛玉可能就认为宝玉是在打趣她或想讨好她。

赞美一个人,当面说和背后说所起到的效果是很不一样的。如果我们当面说人家的好话,对方会以为我们是在奉承他、讨好他。假如我们当着上司和同事的面说上司的好话,同事会说我们是在讨好上司,拍上司的马屁,从而容易招致同事的轻蔑。同时,上司脸上可能也挂不住,会说我们不真诚。与其如此,还不如在上司不在场时,大力地"吹捧一番"。而我们说的这些好话,总会传到上司耳中的。

有一位员工与同事闲谈时,随意说了上司几句好话:"梁经理这人真不错,处事比较公正,对我的帮助很大,能够在这样的人手下做事,真是一种幸运。"这几句话很快就传到了梁经理的耳朵,梁经理心里不由得有些欣慰和感激。而那位员工的形象,也在梁经理心里上升了。就连那些"传播者"在传达时,也忍不住对那位员工夸赞一番:"这个人心胸开阔、人格高尚,难得!"

众所周知的廉颇与蔺相如的故事就体现了这种赞美方式所产生的重大作用。蔺相如和廉颇是赵国的重臣,渑池会之后,蔺相如被封为上卿,位居廉颇之上,廉颇心中很不服气,愤曰:"我身为大将,有攻城野战的大功,蔺相如只不过靠耍嘴皮子的功劳,而位居我上,我怎甘心位居其下。"并扬言要借机羞辱他。而蔺相如却经常在门下面前赞美廉颇,廉颇得知此事后,非常感动,亲自上门请罪。可见,间接赞美对于化解矛盾、协调人际关系都大有好处。

多在第三者面前去赞美一个人，是你与那个人关系融洽的最有效的方法。假如有一位陌生人对你说："××朋友经常对我说，你是位很了不起的人！"相信你感动的心情会油然而生。那么，我们要想让对方感到愉悦，就更应该采取这种在背后说人好话、赞扬别人的策略。因为这种赞美比一个魁梧的男人当面对你说"先生，我是你的崇拜者"更让人舒坦，更容易让人相信它的真实性。

推测性赞美，妙上加妙

借用推测法来赞美他人，虽然这种方式有一定的主观意愿性，未必是事实，但是能从善意的想象中推测出他人的美好东西，就能给人以美好的感受。

有个善良的小女孩，总觉得自己长得丑，因此总是低着头走路。在圣诞节这天，因为低着头走路而撞倒了一个白发苍苍的盲人。

小女孩吓了一跳，赶紧说了声"对不起"，她的声音挺小，一听就充满了深深的自责。那老人说了一句："没关系。"

小女孩挺感动，赶紧扶起老人："老爷爷，是我把您碰倒的，我搀着您，送您回家，好吗？"小女孩的声音甜甜的，细细的，像一阵柔柔的风。

但老人却摇了摇头："不，孩子。听声音你就特别善良。你一定长得很美。"那个"美"字使小女孩听了怦然心动。

"可我……"小女孩一时不知说什么好。

"去吧，孩子。"老人觉察到小女孩还站在自己面前，真诚地对她又叮嘱了一句。

小女孩很感动，深深地点了点头。她已坚信对方能看到写在自己脸上深深的歉意。

老人转过身，用拐杖敲着地面，走了。

小女孩的眼里流出了一行热泪。她感激那位老人，居然那么真切地夸她"美"。

她看着老人，就这么站着，泪汪汪地看着老人离去的方向。过了好长时间，小女孩才从梦幻般的感觉回到现实。

也就是从这天起，她走路时抬起了头，因为她已坚信，美像阳光，也同样簇拥着她。瞧！这就是推测性赞美创造的奇迹。它使一个失望的小女孩找到了太阳，找到了自信。

推测性赞美有两种，一种是祝愿式的推测，一种是预言式的推测。祝愿式推测，主要强调一种美好的意愿，用一种友好的心情去推测对方，带有祝愿的特点。这种推测也未必很可行，但推测者是诚挚而善意的。

好多年前，一位客人来到南京金陵饭店公关部售票台前。

"早上好！"公关经理很有礼貌地站起来招呼。

"我要3张后天去上海的91次软座票。"这人不耐烦地说。

见客人情绪不好，公关经理立即将订票单取出，帮客人登记。当写到车次时，公关经理习惯性地发问："先生，万一这趟车订不到，311、305可以吗？它们的始发时间是……"

没等公关经理说完，客人连说："不行！不行！我就要91次。"

但公关经理还是强调了"万一"，可这番好心反而把客人惹火了："什么万一，你们是为客人服务的，就不能这么说。"

这时，公关经理立即意识到自己的说话方法不妥，差一点儿把客人赶跑了。她根据对方反馈的信息，立即调整话语，转换语气说："好，我们一定尽最大努力给您买到。"这时客人脸上才露出了笑容。

第二天客人来取票。根据头天打交道的情况，公关经理一改过去公事公办的办事态度，笑眯眯地说："先生，您的运气真好。车站售票处明天91次车票好紧张，只剩3张票，全给我拿来了，看来先生您要发财了。"

客人闻听此言，立即转身跑到宾馆小卖部，买了一大包糖回来请公关经理吃。

自那以后，客人每次见到公关经理都打招呼，点头微笑。临走时，他高兴地说："下次来南京，一定还住金陵。"

这个故事中公关经理就用了祝愿式推测。它有浓厚的情感色彩。需要真实的情感，并给予最为贴切的赞美。公关经理从买票的幸运"推测"出"发财"一说，这里面没有必然性可言，并不具备多少合理性，但它是一句吉言，能使人听着顺心顺意。

预言式推测，带有一些必然性、预见性，可以针对工作、生活中可能会取得的成绩进行预测。

小白的同事小金自幼爱好音乐，受过专门的音乐训练，颇擅长流行音乐，曾获过市级音乐大赛的三等奖。小金刚参加完地区音乐大赛回来，小白热情地夸她："这次'金榜题名'定是命中注定的。"小金很高兴地说她发挥得不错……

小白的推测是有根据的，建立在小金平时的能力及以前的成绩上。当然，推测并不等于明确的结果，而是具有多种可能性，但前提是被赞美者本身有实力，有可能获得好结果。

预言式推测较适用于同事与同事之间或父母对孩子的推测。总之，是对身边较熟悉的人所采用的方式，它能起到一定的激励作用。

Part 8
说到人心服口服（按你的逻辑来）

以利益为说服导向

相信你一定经历过在说服别人或想拜托别人做事情时，不管怎样进攻或恳求对方，对方总是敷衍应付，漠不关心。这时，你首先要消除与对方心理上的隔阂，然后再说服诱导。在推销方面，推销员为了唤起顾客的注意，并达到80%的购买率，往往是先诱导，后说服。

在英国工业革命方兴未艾时，以发明发电机而闻名的法拉第，为了能够得到政府的研究资助，去拜访首相史多芬。法拉第带着一个发电机的雏形，非常热心并滔滔不绝地讲述着这个划时代的发明，但史多芬的反应始终很冷淡，一副漠不关心的样子。

事实上，这也是无可奈何的事情，因为他只是一个政客，要他看着这种周围缠着线圈的磁石模型，心里想着这将会带给后世产业结构的大转变，实在是太困难了。但是法拉第在说了下面这段话后，却使原本漠不关心的首相，突然变得非常关心起来，他说道："首相，这个机械将来如果能普及的话，必定能增加税收。"

首相听了法拉第所说的话后，态度突然有了巨大的转变。其原因就是这个发电机将来一定会获得相当大的利润，而利润增加必能使政府得到一笔很大的税收，而首相关心的就在于此。

是的，通常我们行动的目的都是"为自己"，而非"为别人"。如果能够充分理解这一点，那么想要说服他人就有如探囊取物般容易了。只要了解对方真正追求的利益，进而满足他的欲望，便可达到目的。但是，将这点最基本的目的抛于脑后的却也大有人在。他们没有考虑对方的利益，一心一意只是想要满足自己的私欲。

某酒厂研发部成功研发了新型水果酒，为求尽快让产品打进市场，于是研发部负责人决定说服厂长批准进而大量生产。

"厂长，我们有新的产品研发出来了。这次的产品是前所未有的新发明，绝对能畅销。连我都喜欢的东西，绝对有市场性。我敢拍胸脯保证。"

"什么新产品？"

"就是这个，用梨汁酿制的白兰地。"

"什么？梨汁酿的白兰地？！那种东西谁会喝？况且喝白兰地的人本来就少，更甭说用梨汁酿的白兰地……就是我也不会去喝。不行！"

"请您再评估评估，我认为很可行。用梨汁酿酒本来就不多见，再加上梨子有独特的果香，一定很适合现代人的口味。"

"我觉得还是不行。"

"我认为绝对会畅销……请您再重新考虑一下。"

"你怎么这样唠叨？不行就是不行。"

这样的劝说不仅充分显露不顾他人立场的私心，还打算强迫他人赞同自己的意见。

"好歹也要试试看才知道好坏，这是好不容易才研发出来的呀！"

"够了，出去！"

最后，厂长终于忍不住发火。这位负责人不仅没能说服厂长，反而砸掉了自己的名声。

这就是一个典型的只说自己的话，不考虑他人心中想法的事例。因此，你必须考虑以对方利益为出发点的劝说方式。

说服从"心"出发

说服的最佳效果是双方达成共识,而启发对方进行心理位置互换,让对方设身处地体验别人的心理,主动调整自己的态度和行为方式,这是达到这一目的行之有效的方法之一,这种方法就是将心比心术。

某商店有位营业员很会做生意,他的营业额比一般营业员都高,有人问他:"是不是因为你会说,所以生意兴隆?"他回答说:"不是,我的秘密武器是当顾客是自己人。"

有一天,某位顾客站在柜台前东瞧瞧、西看看,还不时用手摸摸摆在柜台上的布料,却不肯买货。凭经验,营业员判断这位顾客是想买块面料,于是赶忙迎上前去说:"您是想买这块面料吗?这块面料很不错,但是您要看仔细,这块布料染色深浅不一,我要是您,就不买这一块,而买那一块。"

说着,营业员从柜台里抽出一匹带隐条的布料,在灯光下展开,接着说:"您这一看,就是机关里的工作人员,年龄和我差不多,穿这种面料的衣服会更好些,美观大方。要论价钱,这种面料比您刚才看到的那种每米多3元,做一件上衣才多几块钱,您仔细看看,认真盘算盘算,哪个合算?"

顾客见这位营业员如此热情,居然帮自己选布料,挑毛病,于是不再犹豫,买下了营业员推荐的布料。

这位营业员之所以能成功地做成这笔生意,就是因为运用了将心比心术。站在顾客的立场上替顾客精打细算,现身说法,使对方的戒备心理、防范心理大大降低,而且产生了一致的认同感,故而说服了顾客,做成了生意。

将心比心是站在对方的角度谋划和考虑,理解对方的心理、对方的

◇ 说话怎样做到将心比心 ◇

将心比心可以使你具有了解对方的情绪与心意的能力,具有牵引别人的力量,从而说服别人。

> 换个工作是容易,但离家太远,每天多累啊。

1.站在对方立场说话

要想说服对方,就必须和对方站在一起,并且两者的关系越融洽,说服越容易成功,因为我们有相信自己人的天性。

> 假设你家人同意你驻外,可时间久了万一父母生病,到时你怎么办?

2.用假设性语言说话

利用假设性语言,将被说服者带入设定语境中,达到将心比心的目的。

> 您自己看,肤色白的人配这个颜色是不是很合适?

3.用行动配合说话

用实际行动让对方体验你的话语,进而配合言语的评价,达到将心比心的目的。

需求、对方的困难，因此，这种说服方法容易使对方接受，并能达成统一认识。

先抬高对方再做说服

这就像用"灰姑娘"故事里的魔法棒，点在她身上，会使她从头到脚焕然一新。

从孩子的天性上，我们可以发现一点：当我们称赞夸奖他们时，他们是何等高兴满足。其实，他们并不一定具有我们所称赞的优点，而只是我们期望他们做到这点而已。这就是"戴高帽"做法。在我们与人交往时，何不效仿这一做法呢？因为不管是大人还是小孩子，他们都喜欢别人给自己一个美名，如果他们没有做到这一点，内心里也会朝此目标努力，以此获得他人的赞许。

假如一个好工人变得消极散漫、不负责任，你会怎么做？你可以责骂那个工人，但这只能引起他的怨怒。

亨利·汉克，是印第安纳州洛威市一家卡车经销商的服务经理，他公司有一个工人，工作每况愈下。但亨利·汉克没有对他吼叫或威胁他，而是把他叫到办公室，跟他进行了坦诚的交谈。

他说："希尔，你是个很棒的技工，在这里工作也有好几年了。你修的车子很令顾客满意，有很多人都称赞你的技术好。可是最近，你完成一件工作所需的时间却加长了，而且你的质量也比不上你以前的水平。也许我们可以一起来想个办法解决这个问题。"

希尔瞬间明白了经理的意思，并且向经理保证，他一定会改进的。

他做了吗？他肯定做了。他曾经是一个优秀的技工，他怎么会做些不及过去的事呢？

包汀火车厂的董事长撒慕尔·华克莱说："假如你尊重一个人，

这个人是容易被诱导的，尤其是当你显示你尊重他是因为他有某种能力时。"

你若要在某方面去改变一个人，就把他看成他已经有了这种杰出的特质。莎士比亚说："假如他没有一种德行，就假装他有吧！"给他们一个好的名声来作为努力的方向，他们就会努力向上，而不愿看到你的希望破灭。

古代，有位宰相请理发师给他修面。理发师修面修到一半时，忽然停下刮刀，两眼直愣愣地看着宰相的肚皮。

宰相见理发师傻乎乎发愣的样子，心里很纳闷：这平平板板的肚皮有什么好看呢？就问道："你不修面，却看我肚皮，这是为什么呢？"

"听人们说，宰相肚里能撑船，我看大人您的肚皮并不大，怎么可以撑船呢？"

宰相一听，哈哈大笑。

"那是讲宰相的度量十分大，能容天容地容古今，对鸡毛蒜皮的小事从不斤斤计较。"

理发师一听这话，"扑通"一声跪倒在地，哭着说："小人该死，方才修面时不小心，将大人您的眉毛刮掉了一小部分，万望大人大德大量，恕小的一罪！"

宰相听说自己的眉毛被刮了，不禁怒从心起，正想发作，转念一想："刚才自己还讲宰相的度量很大，我又怎好为这小事而治罪他呢？"于是说："无妨，尽量用眉笔修一下就行了。"

聪明的理发师以曲折迂回之法，诱导宰相进入自己早已设定的"布袋"中，幸免了一场驾临头上的灾难。

◇ 先赞美，后说服 ◇

对于那些地位显赫、有权有势的人，想要说服他们，更要学会先赞美后说服的策略，因为他们不想看到你的赞美破灭。

您是艺术界的泰斗，包括我在内的很多人都努力向您看齐。

1.抬高对方地位

采用语言恭维的方式抬高对方地位，满足其自尊心。

不愧是胡总监，创意很快就通过了。

2.夸赞对方优点

这样说可以使对方认同你的存在，相信你的判断。

从对方得意的事说起

生活中其实每个人都有自认为得意的事情,这种事情本身究竟有多大价值,是另一问题,而在他本人看来,这是一件值得终身纪念的事。你如果能预先打听清楚,在有意无意之间,很自然地讲到他得意的事情,只要他对你没有厌恶的情绪,只要他目前没有其他不如意的事情,在情绪正常的情况下,他一定会高兴地听你说的,当然此时说服他就容易得多了。

你在说服的时候当然要注意技巧,表示敬佩对方,但不要过分推崇,否则会引起他的不安。对于这件事情的关键,要慎重提出,加以正反两方面的阐述,使他认为你是他的知己。到了这种境地,他自然会格外高兴,会亲自讲述,此时,你应该一面听,一面说几句表示赞赏的话,如此一来,即使他是个冷漠的人,也会变得和蔼可亲起来,你再利用这个机会,委婉说出自己的想法。

比如对方新近做成了一笔生意,你称赞他目光精准,手腕灵活,引得他眉飞色舞,乘机稍示来意,就是好机会。

讲道理时最好打个比方

譬喻,可谓论辩艺术之精华。譬喻是用具体的、浅显的、熟知的事物去说明或描写抽象的、深奥的、生疏的事物的一种手法。说理中,取喻明显,把精辟的论述与摹形状物的描绘糅合为一体,既能给人以哲理上的启迪,又能给人以艺术上的美感。

古希腊哲学家亚里士多德说:"比喻是天才的标志。"的确,善于譬喻,是驾驭语言能力强的表现。说理时运用贴切、巧妙的譬喻,可以生动地表情达意,增强说理的魅力。

公元前598年,楚庄王兴兵讨伐杀死陈灵公的夏徵舒。楚师风驰云

◇ 如何探听别人最得意的事情 ◇

对方得意的事情要从哪里去探听?

你了解李总之前的辉煌成绩吗?

1. 寻找朋友帮助

试着在你的朋友之中找一下是否有与对方交往的人。

王先生曾经捐助过这么多慈善金啊!

2. 留心媒体刊物

留心报纸上的新闻或其他刊物,牢记对方得意的事情。

看这个样子,他是不想继续这个话题了。

3. 注意日常谈话

随时留意日常交际谈话,掌握有效信息。

卷，直逼陈都，不日即擒杀了夏徵舒，随即将陈国纳入楚国版图，改为楚县。楚国的属国闻楚庄王灭陈而归，俱来朝贺，独有刚出使齐国归来的大夫申叔时对此不表态。楚庄王派人去批评他说："夏徵舒杀其君，我讨其罪而戮之，难道伐陈错了吗？"申叔时要求见楚庄王当面陈述自己的意见。申叔时问楚庄王："您听说过'蹊田夺牛'的故事吗？有一个人牵着一头牛抄近路经过别人的田地，践踏了一些禾苗，这家田主十分气愤，就把这个人的牛给夺走了。这件事如果让大王来断，您怎么处理？"楚庄王说："牵牛践田，固然是不对，然而所伤禾稼并不多，因这点事夺人家的牛太过分了。若我来断，就批评那个牵牛的，然后把牛还给他。"申叔时接过楚楚王的话茬儿说："大王能明断此案，而对陈国的处理却欠推敲。夏徵舒弑君固然有罪，但已立了新君，讨伐其罪就行了，今却取其国，这与夺牛的性质是一样的。"楚庄王顿时醒悟，于是恢复了陈国地位。

Part 9
批评让人欣然接受(不好听的话要好好说)

私底下指出他人的缺点

每一个人都难免有缺点,并且可能在公众场合表现出来,破坏气氛。面对这种情况怎么办呢?是当场指出别人的缺点,还是先忍下,等到私底下再指出来?私底下指出应该是面对别人缺点采取行动的第一步。但有的人却常常要么容忍别人的缺点,要么直接对外宣扬,让别人下不来台。这种做法都是不可取的。

做人要拥有一颗宽容的心。"金无足赤,人无完人",在别人的某些缺点比较严重时,我们应该以私下谈心的方式委婉指出来。急风暴雨不如和风细雨,当场训斥不如私下谈心。

朋友之间,指出缺点总是要担负伤和气的风险的,但作为朋友应该承担这种风险。人都是爱面子的,指出缺点应该顾及对方的面子,说话尽可能婉转一些,即使在私下场合指出缺点和错误,也应充分考虑让对方愉快接受的方式,最好先聊聊其他事情,以便在沟通感情、融洽气氛的基础上婉转地指出问题。

指出缺点更多时候是发生在角色地位并不平等的人之间,比如上司对下属,老师对学生。地位高的人可以公开指出地位低的人的缺点吗?当然也不应该,上司和老师照样应该维护下属和学生的面子。

当员工违背明确的规章制度时,当然应当众指出其过错,在让他认识到缺点错误的同时,也可对其他人起到警示作用。假若员工在工作上出现小的失误,而且不是有意的行为,可在私下为其指出来,或以含蓄、暗示的方式使其意识到自己的缺点。这样既能维护他的面子，又能达到帮他改正缺点的目的。

作为老师，对学生的缺点也要有一些"春秋笔法"。

刘老师班上有个女生很优秀，有一段时间内看到别人比自己成绩好，心里就不平衡。刘老师通过网上聊天工具和她聊天，引导她克服心理障碍。这个女生很感激，顺利地调整了自己的情绪。对其他有缺点的学生，刘老师也尽量采取类似方法。刘老师照顾学生们的面子，学生们也尽力改正自己的缺点。

有一次，刘老师经过教室，听到一位同学用粗话骂老师，他装着没听见，事后私下把那位同学请到办公室，告诉他老师已经听到他说的那句话了，但不想当着全班人来批评他，是为了尊重他。于是学生很诚恳地承认了自己的错误并向老师道歉，后来也变得很有礼貌了。试想，如果刘老师当时走进教室狠批他一顿，不但自己下不了台，还有可能换来学生更难听的粗话。

人活一张脸，树活一张皮。一个人的自尊是最宝贵也是最脆弱的。很多谈话高手在批评别人时，都会选择一种委婉的方式，而不是不看场合、直言直语、大批一通。聪明人总是在发现对方的不足时，想办法找个机会私底下向他透露，而且批评也是较为含蓄的，甚至他会将批评隐藏在玩笑中，这样就能让对方很容易地接受建议。

批评他人要就事论事

评价或批评，只能针对一个人的某些行为和表现，而不能针对这个人，也就是平常所说的对事不对人。

大多数情况下，沟通的目的是达到一定的目标，譬如澄清一个误会，陈述一个事实，发布一个指令等。

任何人都有获得别人尊重的需要，批评、责怪一个人本身与批评、责怪一个人做出的行为与事件有很大的区别，给人留下的印象也极不同。例如，一个学生解一道化学方面的题目，由于不小心，将分子式写错了，如果老师批评他："你怎么这样笨，这么小的问题也会出错！"被批评者心里肯定极不舒服。如果老师只针对他写错了分子式这一行为来批评，末了提醒他以后多加小心，被批评者一般会心服口服。

领导的批评应当针对下属的行为，而不应针对下属本身。对下属进行人身攻击容易产生上下对峙局面，导致下属心理上的敌对，产生副作用。例如，某位领导在大会上对几个老迟到的人进行批评，可以有两种说法。一种是对人而言："我们单位有几个出了名的老迟到，这几个人脸皮特别厚，组织上已经三令五申开会不能迟到，可他们偏偏迟到，这种人头脑中毫无组织纪律观念，自由散漫，吊儿郎当，他们的行为危害整个集体。"另一种是对事而言："最近开会经常出现迟到现象，虽说人数不多，但迟到往往浪费大家时间，你等我，我等你，大好时光被等掉了。迟到也往往影响会场纪律，影响其他同志情绪，希望同志们能重视这个问题，杜绝迟到现象。"两种批评语相比，显然第二种优于第一种，前者用词尖刻，使当事者难以接受；后者语气比较委婉，既批评了不良现象，又团结了人。

在批评他人之前，先要明确是就哪件事或事情的哪个方面进行批评，越具体明确越好。抽象笼统，"一竿子打死一船人"，别人就难以弄懂你的意思。

意味深长的暗示是最好的批评

暗示，间接指出别人的错误，要比直接说出口来得温和，且不会引起别人的强烈反感。那些对直接的批评会非常愤怒的人，间接地让他们去面对自己的错误,会有非常神奇的效果。

宋朝知益州的张咏,听说寇准当上了宰相,对其部下说:"寇公奇才,惜学术不足尔。"这句话一语中的。张咏与寇准是多年的至交,他很想找个机会劝老朋友多读些书。

恰巧时隔不久,寇准因事来到陕西,刚刚卸任的张咏也从成都来到这里。老友相会,格外高兴。临分手时,寇准问张咏:"何以教准?"张咏对此早有所考虑,正想趁机劝寇准多读书。可是一琢磨,寇准已是堂堂宰相,居一人之下,万人之上,怎么好直截了当地说他没学问呢?张咏略微沉吟了一下,慢条斯理地说了一句:"《霍光传》不可不读。"回到相府,寇准赶紧找出《汉书·霍光传》,从头仔细阅读,当他读到"光不学无术,阔于大理"时,恍然大悟,自言自语地说:"此张公谓我矣!"是啊,当年霍光任过大司马、大将军要职,地位相当于宋朝的宰相,他辅佐汉朝立有大功,但是居功自傲,不好学习,不明事理,这与寇准有某些相似之处。因而寇准读了《霍光传》,很快明白了张咏的用意。

张咏与寇准过去是至交,但如今寇准位居宰相,直接批评效果不一定好,而且传出去还会影响寇准的形象;批评太轻了,又不易引起其思想上的变动。在这种情况下,张咏的一句赠言"《霍光传》不可不读",可以说是绝妙的。别看这仅仅是一句话,其实它能胜过千言万语。"不学无术",这是常人难以接受的批评,更何况是当朝宰相,而张咏通过教读《霍光传》这个委婉的方式,使寇准愉快地接受了自己的建议。正所谓:"借它书上言,传我心中事。"

有一次,几个属鼠的男同学在期中考试中考了满分,挺得意,有点儿飘飘然。班主任发现了,对他们说:"怎么,得意了?你们知道得意

◇ 就事论事"三不要" ◇

如果想要在批评别人的时候做到就事论事，切勿犯以下错误。

> 迟到不是小事，不仅影响公司形象，还会带来不良风气。

1.借题发挥瞎批评

批评应当建立在事实依据之上，切勿借题发挥夸大其词地批评他人。

> 老张，又是同样的错误，你说你怎么不长记性呢？

2.举一反三翻旧账

批评他人的时候，只适用于当前的错误，切勿翻旧账。

> 做一份小文件都这么多错误，你究竟还能做成功什么，真失败！

3.节外生枝全否定

被批评者最不能接受别人的全盘否定，这会引起被批评者的激烈反抗。

意味着什么吗？请注意今天下午的班会。"那几个男学生猜想：糟了！在下午的班会上，等待他们的准是狂风暴雨！

可奇怪的是，在班会上，班主任的批评却妙趣横生，他说："树林子要是大了，就什么鸟儿都有，自然，天下大了，就什么老鼠都有。我就听说过这么一个故事。有只小老鼠外出旅游，恰好两个孩子在下兽棋，小老鼠就悄悄地看。它发现了一个秘密，那就是，尽管兽棋中的老鼠可以被猫吃掉，被狼吃掉，被虎吃掉，却可以战胜大象。于是立刻认定，自己才是真正的百兽之王！这么一想，小老鼠就得意起来了，从此瞧不起猫，看不起狗，甚至拿狼开心。有一天，它还大摇大摆地爬到老虎的背上，恰好老虎正在打瞌睡，懒得动，就抖了抖身子。小老鼠于是更加得意，它还趁着黑夜钻进了大象的鼻子。大象觉得鼻子痒痒，就打了个喷嚏，小老鼠立刻像出膛炮弹似的飞了出去。就这么飞呀飞呀飞，好半天好半天，才'扑通'一声掉在臭水坑里！好，现在就请大家注意一下，'臭'字的写法，怎么写的呢？'自''大'再加一点就是'臭'。有趣的是，今年正好是鼠年，咱们班有不少属鼠的同学，那么，这些'小老鼠'们会不会也掉到臭水坑里呢？我想不会，但必须有一个条件，这就是永不骄傲！"

说到这儿，班主任特意看了看那几个男同学，那几个男同学当然明白，老师的批评全包含在那个有趣的故事中了！他们很感激班主任的做法，很快改正了自己的缺点。

Part 10
鼓励失意者振作起来的说话方式（同理心）

站在同一起点上，现身说法

失意者的情绪往往很浮躁，不能平静下来，如果在这种状态下，有个人将自己类似的经历说给对方听，一定能给他很大启发。

小陈不耐烦地坐在办公桌前，望着堆在面前的一沓沓报表，一点儿也提不起工作的兴致。最近，公司连续调整了几次人事，与他一起进公司的几个同事都升职了，而小陈却始终窝在原岗位上没有动。想起来心里真是憋屈："论业绩论水平，我哪点比他们差？唯一不到家的功夫就是不如他们会在领导那里溜须拍马。唉，现在这个社会，奉承也是一种本事啊！"

快下班的时候，小陈被乔副总经理叫进了办公室。乔副总坐在宽大的办公桌后面，一副和蔼而又严肃的表情对小陈说："你最近好像情绪不太稳定？"语气中虽然充满着温和与关切，但小陈却分明感到了一种难以抗拒的威严。他忐忑不安地坐在一把椅子上，乔副总不仅没有批评他，反而轻轻地叹了一口气，说："小陈啊，你是聪明人。今天找你来，我只想跟你讲一段我过去的经历，希望你听了之后能及时调整自己的心态。

"10年前，我从汕头大学读完硕士后，通过应聘进了这家公司。当时我在公司里年纪最轻，而学历却是最高的，因此，当时的老板胡先生非常赏识我。为了报答胡总的知遇之恩，我工作得格外卖力，很快就成了公司的业务骨干，每次重要的谈判，胡总都要把我带上。于是在大家心中，我是胡总跟前的红人，而我自己也觉得前途一片光明。我相信，只要自己加倍努力，两年内升任为中层管理人员应该是不成问题的。

"两年后，公司的人事部经理到了退休的年龄。大家纷纷猜测新的人事经理人选，都认为我是最佳人选。就在我自以为看到了曙光的时候，公司的决定很快下来了，办公室的另一位姓黄的业务员被任命为新的人事经理。得到消息的一刹那，我真有些不敢相信：为什么平时胡总口口声声表扬我，还常常鼓励我好好干，有机会一定提拔我，而现在明明有机会了，却偏偏给了别人？

"第二天，胡总找我谈话了。他首先充分肯定了我的工作和能力，然后又说：'小黄的工作也是很不错的，相比较来说，你的文字功底和社交能力更强一些，如果调你去人事部，一下子找不到合适的顶替人选，咱们部门就少了一把好手。而调小黄去，影响就会比较小些。况且大家都知道我对你很赏识，容易给人产生偏袒亲信的感觉。所以你要正确对待这次人事变动。'虽然我的心里还是有些不快，但胡总的话都已经说到这份上了，我也不能再说什么了。

"过了不多久，办公室主任另谋高就离开了公司。我想这下应该提拔我了吧，可是公司却在这时候戏剧性地出现了一名新职员，随即又闪电般地将她任命为办公室主任。眼睁睁地看着又一次机会失去，我的心情低落到了极点。我想，看来胡总其实根本没把我放在心上，我再卖力工作也是无济于事的。从那时起，我在工作中产生了消极情绪，我要让大家特别是胡总看到，没有我的努力，公司的效益是会受到影响的。

"结果可想而知，情况越变越糟。不久，我就得知公司打算调我到一个不起眼的经营部去任经理的消息。那个经营部其实只是一个小杂货店，而且连年亏损，调我去那里，显然是在惩罚我。看来这次是真的惹恼胡总了，我焦急起来，想想自己这阵子的表现，也确实有些过分，我有些后悔，可又不知道该怎么办。那种矛盾不堪的心态折磨得我一连失眠了好几天。最后我想不如辞职不干了，虽然我舍不得这份工作。

"就在我彷徨无助的时候，一天晚上，我的父亲突然问我：'你们总经理不是一直都很器重你吗？干吗不找他谈谈，把你自己的想法都跟他说说？'我说：'我已经惹恼了他，哪还有脸面找他谈？'我父亲却说：'真正赏识你的领导就和父母一样，只要你真心认错，哪会不给你改过的机会？如果他真的不原谅你，那说明他其实并不在乎你，再辞职也不迟。'

"最后我听从了父亲的劝告，主动找到了胡总。果然就跟父亲预料的一样，胡总不仅原谅了我的任性，还真诚地对我说'小乔啊，你跟了我这么久，居然不知道我的想法？有些事情我是很难跟你说明白的。提拔下属是件很复杂的事，要综合考虑很多因素。有时给人的感觉的确是不公平的。年轻人嘛，碰到这种事有想法也是正常的，关键是要学会调整心态，正确对待。其实最近我们已经考虑要提拔你为业务部的经理了，可是偏偏你没能挺住考验，给不少董事留下了不够成熟的印象，所以才考虑让你到闸口经营部去锻炼锻炼。既然你今天把心里话都跟我袒露了，那我看你还是留在我身边吧。'这些都是我的亲身经历，也是我的心路历程，希望对你有所启发。"

说到这里，乔副总打住了话题，这以后的事情，小陈也知道了。乔副总今天找他谈话的良苦用心，更是令小陈感动不已，因为在这之前，自己也几乎要冲动地递出辞呈了。小陈站起身来，真诚地向乔副总鞠了一躬，说："谢谢您，乔总，请您放心，我知道今后该怎么做了。"

乔总的现身说法达到了劝说小陈的目的。

朋友失意，安慰的话一定要得体

我们大多数人都有过这样的经验，就是无意中说错了一句话，巴不得能把它收回。我们怎样才能在朋友处于困难时对他说出适当的话呢？虽然没有严格的准则，但有些办法可使我们衡量情况并做出得体且真诚的反应，这里有一些建议。

1.留意对方的感受，不要以自己为中心

当你去探访一个遭遇不幸的朋友时，你要记得你到那里去是为了支持他和帮助他。你要留意对方的感受，而不要只顾自己的感受。

不要以朋友的不幸际遇为借口，而把你自己的类似经历拉扯出来。要是你只是说："我是过来人，我明白你的心情。"那当然没有什么关系。但是你不能说："我母亲死后，我有一个星期吃不下东西。"每个人的悲伤方式并不相同，所以你不能硬要一个不像你那样公开表露情绪的人感到内疚。

2.尽量静心倾听，接受他的感受

丧失了亲人的人需要哀悼，需要经过悲伤的各个阶段和说出他们的感受与回忆。这样的人谈得越多，越能产生疗效。要顺着你朋友的意愿行事，不要设法去逗他开心。只要静心倾听，并表示了解他的心情。有些在悲痛中的人不愿意多说话，你也得尊重他的这种态度。

3.说话要切合实际，但是要尽可能表示乐观

泰莉·福林马奥尼是马萨诸塞州综合医院的护理临床医生，曾给几百个艾滋病患者提供咨询服务。据她说，许多人对得了艾滋病的人都不知道说什么才好。他们说些"别担心，过不了多久就会好的"之类的话，明知这些话并不真实，而病人自己也知道。

"你到医院去探病时，说话要切合实际，但是要尽可能表现出乐

观。"福林马奥尼说,"例如'你觉得怎样'和'有什么我可以帮忙的吗',这些永远都是得体的话。要让病人知道你关心他,知道有需要时你愿意帮忙。不要害怕和他接触,拍拍他的手或是搂他一下,可能比说话更有安慰作用。"

4.主动提供具体的援助

一个伤恸的人,可能对日常生活的细节感到不胜负荷。你可以自告奋勇,向他表示愿意替他跑腿,帮他完成一项工作,或是替他接送学钢琴的孩子。"我摔断背骨时,觉得生活完全不在我掌握之中。"一位有个小女孩的离婚妇人琼恩说,"后来我的邻居们轮流替我开车,使我能够放松下来。"

意识唤醒法使其走出悲伤阴影

人的自我意识有很多种,比如年龄意识、性别意识、社会角色意识等。拿年龄意识来说,一般情况下,人到了某个年龄阶段就会出现某种心理特征,但有的人却迟迟不出现。这时,只要你点拨他一下,他就会醒悟,从而发生心理上的飞跃。

小姜的一个同学因患黄疸性肝炎住院了,这个同学整天愁眉苦脸,总认为自己的病没有好转的可能,因而产生了悲观情绪,丧失了信心。小姜放假时,到这位同学看病的医院探视他。一见面他就做出一副欣喜状,对这位同学说:"哥们儿,你的脸色比以前好多了嘛!听医生说,你的黄疸指数已有所下降,这说明你的病情在好转啊!"

小姜的话客观实在,使朋友的精神为之振作。于是,他乐观地接受治疗,加速了康复进程,不久便病愈出院了。

上大四的小孙恋爱3年了,不久前女朋友不知何故与他分手了。他很伤心，整天精神恍惚。他的班主任李老师知道此事后，特地赶来做他的工作。李老师一见面就说："我知道你失恋了，是来向你'道贺'的！"小孙很生气，转身就走。

"难道你不问问为什么吗？"

小孙停下来，等着听李老师的下文。

李老师说："大学生都希望自己快点儿成熟起来，失败能使人的心理、思想进一步成熟起来，这不值得道贺吗？大学生的恋爱大多属于非婚姻型，一是年龄尚小，二是很难预料大家将来能否在一个地方工作。这种恋爱的时间又不长，随着知识的积累，人慢慢成熟了，就有可能重新考虑对方，恋爱变局也就悄悄发生了。应该说，这是大学生心理成熟的一种重要标志，你这么放任自己的感情，是心理成熟还是不成熟的表现呢？另外，越到高年级，大学生越倾向于用理智处理爱情。这时，感情是否相投，性格是否和谐，理想和追求是否一致，学习和工作是否互助互补，都会成为择偶的标准，甚至双方家庭有时也会成为适当考虑的条件，这就是择偶标准的多元化。这种标准多元化更是大学生心理逐渐成熟的表现，也符合普遍规律。你女朋友和你分手是不是出于择偶条件的全面考虑？你全面考虑过你的女朋友吗？如何处理你这目前的感情失落，你该心中有数了吧？"

李老师先设置悬念——"祝贺你失恋"，把小孙从感情的泥沼中"唤"了出来，然后通过合情合理的分析，唤醒他的理智，多次用"大学生失恋不是坏事，而是心理成熟的标志"的观点来加以点拨。李老师通过一步步唤醒小孙的自我意识，使他认为该用理智来处理感情问题，从而约束自己的感情，恢复心理平衡。

失意者心中往往憋着一股劲儿，想要摆脱这种心理状态。鼓励他们的自我意识，也就是唤醒他们的自我意识，会使他们走出低谷。

别人郁闷的时候多说理解的话

郁闷，是很多人的口头禅。所谓郁闷，也就是碰到了不顺心的事情，心情不好。在这个竞争激烈的社会，人们经常会碰到让人郁闷的事情，也经常会碰到正处在郁闷中的人。问题出现了：对郁闷的人怎样安慰？说什么话比较好？正确的方式是：多说理解的话。

要想对郁闷的人说些理解的话，首先要弄清他为什么郁闷。如果不知道原因，随便地安慰一气，就可能火上浇油。有这样一则笑话：

有一位妈妈带着她的小宝贝乘坐火车。

有一位乘客很好奇地把头凑过来，看了一下就说："哇！好丑的宝宝！"

这位妈妈听了好难过，就一直默默哭泣。

后来车子停到某一站，上来了一些新乘客。

有好心的乘客看她哭得那么伤心，就安慰她说："这位妈妈，你为什么哭得这么伤心呢？凡事都要看开点，没有解决不了的事情！好了，好了，不要再哭了。我去帮你倒杯水，心情放轻松！"

过了一会儿，那位乘客真的倒了一杯水给她，说："好了，别再哭了，把这杯水喝了就会舒服一点，还有这根香蕉是给你的'猴子'吃的。"

这位妈妈听了，差点没晕过去。

笑话里那位好心的乘客还没有弄清这位妈妈为什么在那儿哭，就开始安慰，当然会驴唇不对马嘴了。所以说，首先应该知道别人郁闷的原因，然后对症下药，才能说出真正理解人的话，达到安慰的目的。

用"同病相怜"的经历来缓解对方压力

会安慰和激励人的人在说话上都是掌握了一定技巧的。有的人很会"捏造"事实来缓解被劝说者的压力。

有一位中学教师，头脑灵活，在对学生的工作中很讲究策略，非常善于说服学生，做思想工作。

他的班上有一个男同学，人很聪明，升初中的考试成绩是全班第3名。可仅过半年，期末考试却落到班级第27名。这位老师左思右想，也找不出这位同学退步的原因。后来，他从侧面了解到，这孩子有尿床的毛病。被褥尿湿了，家长总是很恼火，这"丢脸"的事使他自惭形秽。因为精神上有负担，便影响了学习成绩。

面对这样一个棘手的问题，想要说服同学，解除他的精神负担，怎么办呢？

这位老师思考了两天，看了一些心理学方面的书籍，最后决定，在一天放学后，办公室人都走光时，找这位同学谈心。

扯了一些班里的杂事以后，老师问这位同学："听说你会尿床，是不是？"

学生一听，脸"噌"地一下红了，头也垂得低低的。老师把他朝身边拉了拉，握住他的手说："其实，尿床没什么大不了，我研究过，十几岁的少年儿童中，有相当一部分人都尿床，只不过是许多家长不声张罢了。"

学生一声不吭。老师继续说："老师我也尿过床。"

"真的？"他惊奇地问老师。

"怎么不是，而且一连延续到初中快毕业。有时一夜尿两三次，睡梦中，我急死了，到处找厕所，找到一个墙角，拉开裤子就尿，结果就尿了一床。"

"哎呀，我也是这样。"他仿佛找到了知音，羞怯之情一扫而光。

接着，师生俩你一句我一句地扯开了"尿经"，讲到好笑的地方，一起放声大笑。这时，他们已没师生之别，好像两个"尿友"在交流经验。

"后来你是怎么不尿床的？"学生突然问老师。

"我啊，到了15岁就自然地不尿床了。"老师装着回忆的神情说，"那时我初中还没毕业，不知不觉地就好了。"

学生掰着手指算着："我今年13岁，再过两年，我也会好了？"

"那当然！"老师肯定地说，"尿床不是病，到了发育的年龄，就会自然地好了，你用不着烦恼。"

当他们走出办公室的时候，学生已经轻松多了。

后来，由于家庭、老师的默契配合，那位学生终于放下了思想包袱，摆脱了困境，学习大有进步。

老师的"尿床"经历是编造出来的，然而却一下拉近了两人的距离，这样使劝慰和鼓励变得容易多了。

图书在版编目（CIP）数据

刻意练习学说话 / 伯言编著. -- 北京：中华工商联合出版社, 2024. 8. -- ISBN 978-7-5158-4047-5

Ⅰ. H019-49

中国国家版本馆CIP数据核字第2024TK2569号

刻意练习学说话

编　　著：	伯　言
出 品 人：	刘　刚
责任编辑：	吴建新　林　立
封面设计：	冬　凡
插图绘制：	圣德文化
责任审读：	郭敬梅
责任印制：	陈德松
出版发行：	中华工商联合出版社有限责任公司
印　　刷：	三河市华成印务有限公司
版　　次：	2024年8月第1版
印　　次：	2024年9月第1次印刷
开　　本：	720mm×1020mm　1/16
字　　数：	130千字
印　　张：	10.5
书　　号：	ISBN 978-7-5158-4047-5
定　　价：	35.00元

服务热线：010—58301130—0（前台）
销售热线：010—58301132（发行部）
　　　　　010—58302977（网络部）
　　　　　010—58302837（馆配部、新媒体部）
　　　　　010—58302813（团购部）
地址邮编：北京市西城区西环广场A座
　　　　　19—20层，100044
投稿热线：010—58302907（总编室）
投稿邮箱：1621239583@qq.com

工商联版图书
版权所有　侵权必究

凡本社图书出现印装质量问题，请与印务部联系。

联系电话：010—58302915